근대 대구와 대구사람들

근대 인문잡지 속의 대구역사 읽기

이 호 엮음

책머리에

I

최근 '근대'라는 용어가 대구 지역사회에 자주 등장하고 있다. 실제 '근대' 그 자체 보다는 근대문화, 근대음악, 근대미술, 근대문학, 근대건축, 심지어 근대거리라는 용어 속의 접두사 정도로 아주 쉽게 무차별적으로 사용되고 있다. 그래서 일반 시민은 물론 일부 오피니언 리더마저도 '근대'라는 시대개념에 대한 최소한의 성찰마저 내버려 둔 채 개별 분야에 대해서만 익숙해져가는 것이 오늘날의 현실이다.

"점이 모여 선이 되고 선이 모여 면이 된다."라고 주장하는 분들에게 "숲은 보지 않고 나무만 보지는 말아 달라."는 얘기를 드리고 싶다. 또 한 시대의 역사상을 총체적이고도 구조적으로 바라보려는 노력 없이 특정한 인물과 단편적 사실로 역사를 쉽게 구성하리란 생각은 버려주었으면 하는 마음이다.

적어도 역사학계에서는 시대 구분에 관한 글이 아직도 많이 발표되고 있다. 한국에서 근대의 시작과 끝은 어디인가? 세계사 속에 한국 근대의 보편성과 특수성은 무엇인가? 한국인은 근대역사를 스스로 발전시켜왔는가? 아니면 일본 제국주의 통치로 한국의 근대역사가 발전했는가? 소위 '모던'과 '신문물'이 진정 근대의 모습을 대표할 수 있을까? 어쩌면 머리 복잡한 담론으로만 치부될지 모르는 위의 질문들을 나는 아직도 고민 중에 있다.

사실 돌이켜 보면 '근대'에 대한 세상의 인식이 그동안 많이 달라졌다. 나의 대학 시절 '근대'를 생각해보면 제국주의 열강의 침략, 대한제국의 멸망, 한민족의 독립운동에 관한 내용이 주류를 이루었다. 그러다가 조선총독부 건물 철거를 기점으로 "부끄러운 역사도 역사"라는 인식이 퍼지면서 많은 근대건축물들이 재조명 받게 되었다.

최근에는 이 근대건축물들이 신작로와 같은 도시가로와 도시의 공간 변화와 자연스레 연결되면서 형이하학적인 면에서 근대역사상을 발전시키는 듯한 느낌이다. 또 문학, 음악, 미술 등 당시 예술인들의 자취가 이들 근대건축물과 도시공간에 형이상학적 요소를 덧씌우면서 '근대'가 또 다른 방향성을 띠면서 새롭게 조명받고 있는듯하다.

나아가 이국적인 서구 근대문물의 신선함, 최근 영화에 많이 클로즈업 되는 '하이카라'와 '단발'과 같은 근대인들의 모던한 이미지 등이 함께 어울려 현대인의 마음속에 '근대'는 확대 재생산되고 있다.

나는 이 시점에서 내 머릿속을 둥둥 떠다니는 '근대'에 대해 심각하게 고민하지 않을 수 없게 되었다. 조선사회와 다른 근대의 특징은 무엇일까? 근대는 어떻게 현대로 진행했을까? 대구 근대의 주역은 누구이며 당시 대구 사회는 어떤 모습이었을까? 쉽지 않겠지만 '대구 근대'만이라도 잘 살펴서 정리할 필요성을 느꼈다.

이러한 고민은 근대에 관한 '시대구분 이론'의 탐독만으로 해결될 일은 아니었다. 또 작금에 회자되는 예술가와 건축, 도시공간과 관련짓는 '근대'도 내가 생각하는 '근대'와는 궤를 달리하였다. 한 개인의 일기도 자신에게 유리하게 쓰는데 하물며 '~~카더라'와 이론의 여지를 남기는 불확실한 고증은 역사학을 전공한 내 성정에 더욱 맞지 않았다.

II

나는 내 나름의 방식으로 '대구 근대'를 탐구해보기로 했다. 무엇보다 당시 사람들의 말과 글, 그중에서도 지식인들의 말과 글을 통하여 근대를 살아간 사람들의 생생한 이야기를 들어 보는 것이 중요하다고 여겼다. 근대의 중심인 일제강점기 그중에서도 '안정된 근대'의 모습을 보여주는 1920~1930년대의 대구 속으로 들어가 보는 것이 열 마디 말보다 더 소중한 경험이라 생각했다.

오늘날 신동아, 월간조선과 같은 잡지들이 당시에도 존재했다. 〈개벽〉, 〈별건곤〉, 〈삼천리〉가 그것이다. 우리 고장 대구, 대구인에 관한 기사는 경상도의 중심도시답게 이들 잡지의 곳곳에 남았다. 나는 이십여 년간 대구의 문화유산과 박물관 분야에 종사한 경험을 바탕으로 이들 잡지를 하나하나 탐독해 나갔다. 시간이 흐르면서 손에 잡힐 듯 말 듯한 대구사회와 대구인에 관한 형상이 조금씩 눈 안에 들어왔다.

대구인은 대구를 어떻게 이해했는지, 대구 바깥사람들은 대구를 어떻게 바라보았는지, 대구에 어떤 일들이 일어났는지 대구 근대의 모습이 서서히 떠올랐다. 그리고 역사의 주역은 아니었지만 기억하고 싶은 사람의 이야기, 역사의 주인공이면서도 잊혀가는 사람 이야기, 대구를 음으로 양으로 주도한 사람들, 대구의 여러 단체, 대구의 부자, 대구의 미인과 기생 이야기들은 모두 그동안 내가 어렴풋이 알았던 사실에 풍부한 이야깃거리를 제공해 주었다.

한마디로 이 책은 근대 대중계몽잡지에 수록된 대구인과 대구사회에 관한 기사를 하나하나 찾아서 분류하고 정리해 모은 것이다. 이 잡지 속을 여행하면서 백년도 되지 않은 이야기들이지만 그동안 우리나라 언어의 변화가 참 컸음을 절감할 수 있었다. 그래서 현대인이 이해하기 어려운 부분은 가급적

풀어서 이해하기 쉽도록 했다. 또 내 능력 밖의 난해한 문자는 원문을 그대로 인용했음을 밝혀둔다.

　　아무쪼록 이 책이 부족하나마 대구 근대역사를 쉽게 이해하고 '대구 근대'에 관한 논의를 진전시키는 데 도움이 되었으면 하는 마음이다. 또한 막연한 애향심으로 '대구'를 외칠 것이 아니라 내가 살아가는 고장 대구를 한 번 더 객관적으로 바라보는 데도 도움이 되었으면 한다. 나아가 우리 고장 사람들이 달구벌 역사에 더 가까이 다가가는 데 길잡이가 되기를 소망한다.

　　2009년 『대구사 연구의 어제와 오늘』을 펴내면서 본격적으로 시작한 지역사 공부가 한층 더 결실을 맺게 되어 뿌듯한 마음이다. 나아가 향토사 학습의 부족함도 좀 더 보완하게 되어 한결 흐뭇하다. 작업을 하면서 집안일에 힘쓰지 못해 사랑하는 아내에게는 미안하다. 함께하는 시간을 많이 빼앗긴 두 아들에게도 마음의 빚이 남았다.

2013년 3월

침산동에서

이 호

차례

제 1장. 대구의 연혁과 대구사회의 특색

경상도 대표의 내 고장 자랑 · 12 | 대구의 연혁과 명승고적 · 15 | 대구가 자랑하는 세 가지 · 30 | 대구가 부끄러워하는 세 가지 · 34 | 어느 은행원이 바라본 대구사회 · 40 | 프랑스 선교사와 대구 유학자 · 43 | 대구사회에 대한 일 평판 · 46 | 이육사가 바라본 대구의 사회단체 · 47 | 서상일의 대구 상공업계 소감 · 52 | 주인 없는 대구, 주인 바뀐 대구 · 58 | 대구지방 순회 소감 · 66 | 황에스더의 대구 감옥생활 · 71 | 대구 육개장 이야기 · 76 | 이상화의 대구행진곡 · 78 | 신흥하는 대구 상업계 · 79 | 지리상으로 본 대구 · 82 | 역사상으로 본 대구 · 87 | 숫자상으로 본 대구 · 90

제 2장. 대구인과 대구, 그리고 미인기생

이웃사랑을 실천한 서상윤 · 96 | 무영당백화점 주인 이근무의 일기 · 98 | 플레처 박사와 대구애락원 · 109 | 기생에서 조선여성 지도자로 변신한 정칠성 · 112 | 대구 출신 여류비행사 박경원의 연애비사 · 114 | 여류 문인 장덕조의 신혼 여행기 · 124 | 대구관찰사 박중양의 야견박살 · 126 | 경술국치 이후 박중양 관찰사 · 127 | 경상북도 도지사 김서규 · 129 | 대구 출신 작가 장혁주에 대한 인상 · 131 | 어린 시절 장혁주와 대구 · 142 | 이만집과 대구 개신교계 · 145 | 임진왜란 때 조선으로 귀화한 김충선 · 147 | 이 인 변호사에 대한 인상 · 151 | 애주가에 대한 이 인 변호사의 생각 · 152 | 대구의 광산 사업가 김태원 · 153 | 융희 황제의 대구 방문 · 154 | 대구 미인의 특색 · 156 | 대구부 버스와 미녀 안내양 · 158 | 대구 기생 이소춘과 강명화의 단발 · 161 | 대구의 미인 기생과 청년 부호 · 162 | 대구의 유명 기생 이소춘, 윤복희, 고미화 · 164 | 남도의 대표 기생 김초향과 서도 기생 · 170 | 대구 출신 장안 명기 이옥연의 일대기 · 174 | 대구의 로미오와 줄리엣 - 장병천과 강명화 · 176 | 어느 대구 의학도의 편지 · 182 | 대구역 부근 여관에 살던 가련한 여자 · 184 | 반야월역 여자 신호부의 안타까운 이야기 · 187

대구의 연혁과 대구사회의 특색

경상도 대표의 내 고장 자랑

경상도 대표 최문동 등단, 뚱뚱한 몸집 넙적한 얼굴로 가장 장자(長者)인 체하면서. '여러분, 이러쿵저러쿵 해도 조선에서 경상도를 빼고는 자랑거리가 없을 줄 압니다. 지리와 기후도 그렇고 산물로도 그렇고 인물로도 그렇고 무엇이나 자랑거리가 아닌 것이 없소. 우선 신라 천년의 문물이 조선 역사상 제1위를 차지한 것 아닙니까. 첨성대, 다보탑, 석굴암, 같은 것은 지금도 세계적인 자랑거리지요.

　　　박씨, 김씨, 석씨, 김해 김씨의 조상이 경상도에서 났지요. 원효, 설총, 솔거, 최치원, 박제상, 견훤, 궁예, 길재, 곽재우, 박진, 박팽년, 하위지, 이퇴계, 문익점, 최수운 같은 명인명사가 경상도 사람이지요. 여자 중에는 충렬 논개가 있지요. 조선의 관문 부산이 있지요. 조선 남쪽의 대도회지 대구가 있지요. 조선의 명장(名場) 김천장이 있지요. 비행기도 넘지 못하는 추풍령이 있지요. 천리장류(千里長流) 낙동강이 있지요.

　　　안동포가 유명하지요. 울산 해의(海衣)는 조선 전체의 명물이지요. 동래온천, 해운대온천도 유명하지요. 통도사, 범어사, 해인사 등 조선 3대 사찰이 다 경상도에 있고 국보 팔만대장경이 있고 삼신산의 하나인 지리산이 있지요. 특히 진주 기생이 유명하고 경상도 색주가가 유명하지요. 어떤 면에서는 좀 수치스럽기도 하지만 갈보가 많기로도 경상도가 제일이지요. 조선의 여기저기는 말도 말고 남북만주, 시베리아, 멀리 북해도까지 경상도 매춘부가 아니면 모두가 적막강산일테요.

 그밖에 조령단목鳥嶺檀木, 문경두견聞慶杜鵑, 진주투우 또는 백목白木, 통영입자統營笠子와 자개, 밀양의 탁주 또는 은어, 풍기준시豊基蹲柿, 창녕의 고분군 이것들이 모두 유명하지요. 그리고 여러분 경상도 사람 인성이 얼마나 좋습니까. 여간해서 태산교악泰山喬嶽이라고까지 남들이 부르겠소. 참! 장하지요.'
개벽 제61호(1925. 7. 1.) 〈팔도대표의 팔도자랑〉 박돌이

김천곡물시장

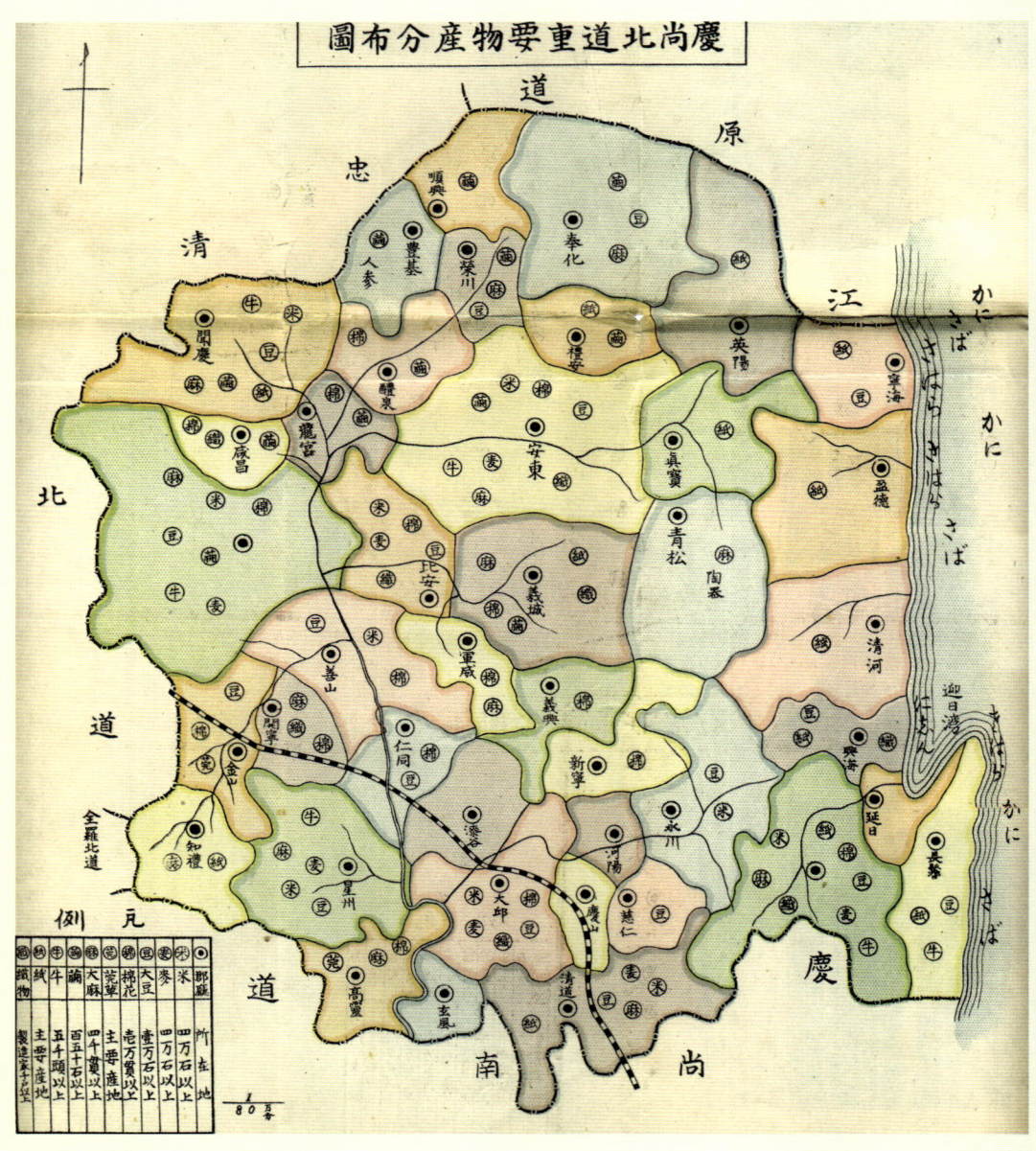

경상북도 주요물산 분포

대구의 연혁과 명승고적

여러 해 만에 고향인 대구를 대하는 내가 무엇보다 경이로움을 느끼는 것은 주점, 음식점 같은 것이 수없이 많아진 것과 그 주점, 음식점, 심지어 중국요리점까지 반드시 적어도 두세 명의 작부酌婦가 있고 그 작부 대부분이 14~15세에서 18~19세까지의 묘령으로 가난한 집안의 여식들이라는 사실이다. 재즈가 극도로 성행하는 구미 제국과 댄서, 스틱걸이 유행하는 일본 등의 현상과 함께 대구의 작부 홍수도 세계적 유행의 일환으로 볼 수 있을지 모르나 그보다 초근목피를 먹고 견디는 조선 농민의 생활과 아울러 패망해 가는 도군都郡 빈민생활 고민상苦悶相의 여실한 일면일 것이다.

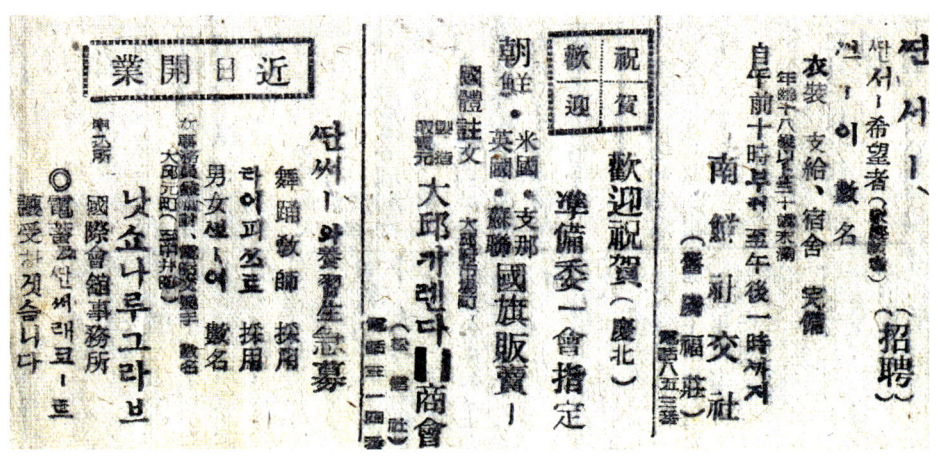

댄서모집광고. 대구일일신문에 게재된 것이다.

다시 말하면 먹는 것 이외 아무것도 돌아볼 여유와 겨를도 가지지 못한 그들의 발악적 현상 즉 불합리한 사회가 낳은 필연적 비극일 것이다. 제목에 벗어난 것 같은 말을 많이 적은 것 같다. 그러나 금강산도 식후경이라는 말이 있음에 구식求食문제와 구경문제가 그리된 것이 아닌 것도 같으니 그로써 용납함을 받을까.

　　　　대구의 명승고적! 대구는 현재 인구 10만을 헤아리고 앞으로 30만 대 대구를 계획하는 남조선 제일의 대도회지이다. 그 연원은 멀리 신라시대에 있으니 처음에 달불성이라는 소읍小邑으로 신라 경덕왕이 대구로 이름을 바꾸었고 그 후 공자의 휘를 피하기 위하여 '구丘'를 '구邱'로 바꾼 것이며 조선 세종 때에 대구군으로 되었던 것이 개국 504년1895년경부터 일본인이 들이밀기 시작하자 통감부시대에는 이사청이 생겼다가 한 걸음 더 나아가 대구부로 된 것이라 한다.

　　　　그 후 합방 전후로부터 성곽은 없어지고 도로가 새로워지고 동제洞制까지도 변혁되고 10만 대도시로 확장, 변천되어 오늘날에는 부분적으로도 옛 모습을 볼 수 없게 되었다. 상전벽해라던데 세상도 변치 않을까마는 명승도 과거에 대구팔경이 있었던 모양인데 오늘날에는 그것도 대개 변하여 명승지가 되기 어려운 곳이 많아졌다.

　　　　그러나 북으로는 팔공산 군봉이 하늘을 찌르고 남으로는 수려한 비슬산이 내려다보며 서로는 와룡산이 이름과 같이 누워서 금호강 물을 마시는 형상이요 동으로는 오족烏足, 동학童鶴의 제령諸嶺이 연連하여 그 안에 광활한 옥야를 만들고 그 옥야의 중앙에 시가지가 자리 잡았으니 지세地勢상으로 보아 그리 허무한 곳이 아니므로 승지勝地 또한 있을 것이다. 이제 대구인이 일반적으로 인정할 만한 명승고적을 적어보자.

달성은 대구부 서쪽에 있는 환형소구부(環形小丘阜)로 신라 전성시대의 반월성(지금의 경주)을 모방하여 축조한 달불성의 유적이니 대구의 연원은 이곳이라 한다. 둘레가 783칸, 최고 정상이 53척, 면적이 3,900여 평으로 자연 구릉에 인공 성곽을 두른 것이다. 그러나 그 가공한 것이 너무 자연스럽게 된 까닭에 유람자로 하여금 자연 그 대로의 구릉으로 오인케 하고, 묘하다고 부르짖게 하는 공원이다. 지금으로부터 이십여 년 전 광무11년(1907년)에 일본인들이 공원으로 만들어 단풍나무, 벚나무, 소나무 등 꽃나무를 심고 운동장을 만들고 한 것이다. 그들이 공원으로 만든 가장 큰 원인은 청일전쟁 때에 이 성지(城址)가 그들의 진지가 된 것을 기념하기 위함이라 한다. 그 후 이 공원의 서쪽 구릉 위에 이세신궁(伊勢神宮)을 봉사(奉祠)하여 대구신사라 하였으니 공원 남록에 앉아있는 망경루와 동각(東角)에 솟은 관풍루의 창연한 고색과의 대조는 또한 고금이 다름을 말해준다.

관풍루는 구 감영의 외삼문이니 누각 위에서 육각(六角(북, 장구, 해금, 피리, 태평소로 이루어진 악기 편성))을 울리어 여섯 문(동서남북과 동아, 서야문)을 열고 닫던 고사를 생각하면 감개무량한 느낌이 없지 않을 것이다. 누 위에 올라 동쪽으로 열린 시가를 굽어보면 전 시가가 일목요연하게 한 폭의 살아있는 그림같이 전개되는 것이 마치 남산공원에서 서울 시가를 굽어보는 것과 흡사하다 할 것이다. 더욱이 봄에는 벚꽃의 명소요 여름에는 녹음이 우거져 사시(四時)로 유람자, 소풍객이 끊이지 않는 명승이다.

이제 고지(古誌)를 거(擧)하면

達城新羅時爲縣城高麗時徐氏居之徐晉, 徐奇俊, 徐零世襲封君於此朝鮮世宗欲修城命換徐民之居宣祖丙申監司李用淳留營於此加築其城.

달성공원의 망경루. 달성은 우리나라에서 가장 잘 보존된 토성 중의 하나이다. 일제가 공원으로 조성하면서 대구읍성의 누각이었던 망경루, 경상감영의 누각이었던 관풍루를 달성으로 옮겨 왔다.

도수원

대구부의 동북쪽 모퉁이, 경주 가는 길가에 있으니 면적 약 6,000평, 내부에 연못을 파고 정자를 만들고 꽃나무를 심어 자연의 아름다움을 맛 보며 낚시와 뱃놀이로 하루를 보낼만하니 소공원 됨에 만족함이 있을 것이요 대구 유일의 가정적 유원지라 할 것이다.

금호강

수원水源은 영천군, 대구의 동쪽 교외를 관류하여 팔달교를 지나 낙동강에 합류하는 강이니 연안에 동촌, 팔달교반 같은 풍광가절佳節이 있고 조어투망釣魚投網에 좋은 곳이며 옛 부터 취사醉士, 묵객墨客이 청유淸遊(아담하고 깨끗하며 속되지 아니하게 노는 것)하는 곳이다.

동촌은 대구부 동쪽 경주가도를 가면 10리를 못 가서 있으니 금호강 유역으로 능금 채소의 명산지다. 근년에는 각 요리점 지점이 생기고 배를 빌려주는 곳이 설치되고 밤낮으로 유탕배遊蕩輩들이 즐겨 모여들고 있다. 소규모 한강이라면 어떠할는지. 그 외에 동촌에는 좋은 밤나무 숲이 있어 가을에 밤 줍는 재미를 볼 수 있으니 각 학교의 가을 소풍 장소로도 정평이 난 곳이다. 더구나 작년부터는 버스가 매일 수차례 왕복하게 된 까닭에 나날이 번창해 가고 있다.

琴湖泛舟(古詩)
琴湖淸淺木蘭舟 取次閑行近白鷗 醉盡月明回棹去 風流不必五湖遊

안일암

대구부 남방 10리, 비슬산 산비탈에 있는 작은 암자이니 암자 앞에 약수가 있고 계곡이 흐르는 까닭에 여름 한 철에 대구 부인네들의 유일한 청유지淸遊地인 동시에 수욕장水浴場이다. 혹시 여름날 이곳을 가본다면 곳곳마다 차일을 치고 목욕하는 부인네들을 볼 수 있을 것이며 어떤 때는 삼복 더위에 약효가 좋다 하여 1,000명 이상의 욕객浴客이 왕래하여 혼란 상태를 일으키는 일도 있다고 한다.

장군수

비슬산 북록 계곡에서 용출하는 것이니 과거 고려 장군이 패배하여 이곳에 이르러 이 물을 마신 까닭에 장군수라 이름 하였다고 한다. 물탕은 당장에라도 거꾸러지려는 4~5장의 거대한 바위 속을 4~5칸이나 들어가야 있으니 과연 장군과 같은 담력이 있는 사람이 아니고는 이 물을 마시기 어렵다는 점으로 보아 이름날만한 까닭이 있는 것 같다.

동화사

조선 30본산의 하나로서 많은 말사末寺를 가진 거찰이니 신라 문성왕 때 보조국사가 개창한 것으로 대구에서 북편 50리, 팔공산 산비탈에 있다. 처음은 유가사라 이름 하였던 것을 신라 혜공왕 때 엄동설한에도 오동나무 꽃이 만개한 일이 있으므로 그 후부터 동화사로 개칭케 된 것이라 한다. 경내가 넓고 가람이 많으니 대웅전, 금전金殿, 비로전, 극락전, 부도암, 염불암 등이 있고 사보寺寶로는 불사리, 불아佛牙, 고동古銅향로, 조동鳥銅향로, 상형象形향로, 금강저, 패엽경권貝葉經卷 등을 보존하고 있다고 한다.

　　　　　이 사찰은 건조 후 오늘날까지 6회나 개축한 바이나 극락전만은 신라시대의 규모를 그대로 보존하고 있으므로 고고학자들이 칭찬하며

금호강. 동촌에서의 뱃놀이

동화사 대웅전. 동화사의 중심영역은 시간이 흐르면서 비로암-금당선원-대웅전으로 옮겨진 듯하다.

권하는 곳이다. 절 앞에는 약수가 있고 잔잔한 계곡 물과 울창한 수림이 있어 한여름에도 화씨 70도를 넘지 않는다 하니 대구인의 유일한 피서지이며 대구 수위의 명승지가 됨에 손색이 없는 절경이다.

桐華歸僧(古詩)

遠上招提石逕層 青衫白襪又烏藤 此時有興無人識 興在青山不在僧

八公山積雪(古詩)

公山千丈倚嶒峻 積雪漫空沆瀣澄 知有神祠靈應在 年年三白端豐登

파계사

팔공산 산비탈에 있으니 동화사의 말사로 동화사와 십리 떨어져 있는 고찰이다. 신라 성덕왕 13년에 창건한 바이며 절 앞에 맑은 계곡 물이 흐르고 송이와 단풍이 저명한 곳이며 동화사와 함께 좋은 피서지이다.

모하당

달성군 가창면 우록동에 있으니 임진왜란 때에 가등청정의 부장 사야가라는 자가 하夏를 모慕하여 조선에 투항하고 일본군을 역습하였다는 공으로 선조 임금이 그에게 김충선이라는 성명을 하사하였으니 그 자손이 대대로 우록동에 거주하여 현재 일족이 100여 호에 달한다고 한다.

영선지

일명 연신지, 대구부 남방南方 5리에 있는 수면水面 1만 5천 평이나 되는 큰 못으로 물이 적은 대구에서는 좋은 유흥지인 동시에 좋은 도움이다. 과거에는 이 못에 수량이 많고 못 가에 수양버들이 늘어져 절경일 뿐만 아니라 또한 금상첨화 격으로 연(蓮)이 많이 있었다고 한다.

　　　　연이 있었으면 연밥 따는 처녀가 있었을 것이요, 연밥 따는 처녀가 있었으면 거기에 따른 로맨스가 있지 않았을까? 옛날에는 연과 로맨스가 떠나지 못할 대상이 되었던 모양이니 '상주, 함창 공갈못에 연밥 따는 저 처녀야'라든지 '연밥을 낭내 따줌세, 살림사리를 나캉하세' 하는 등 경상도 지방의 옛날 민요를 보나 '연당(蓮塘) 안에 별당 있고' 하는 귀족 가정의 옛이야기를 들어도 연과 로맨스가 떼어내려야 뗄 수 없는 물건이었던 것 같다. 그러나 그것은 옛날이야기요 지금 연신지에는 연을 볼 수 없고 못 둑에 수양버들도 없으며 수량까지도 많이 줄어 보는 이로 하여금 황폐한 적막감을 갖게 한다. 두어라, 옛 얼굴 가짐이 의(義)만 아니라 세상이 이렇게도 변하였으니.

南沼荷花(古詩)
出水新荷疊小錢 開花畢竟大如船 莫言才大難爲用 要遣沈痾萬姓痊
별건곤 제33호(1930. 10. 1.) 〈대구대구대구, 연혁 명승고적〉 백기만

파계사 원통전. 사진의 주인공은 대구남명학교 학생들이다.

대구가 자랑하는 세 가지

오대五代를 내려오며 대구의 바람을 마시고 대구의 샘물을 먹게 됨에 대구가 가진 허물은 될 수 있으면 덮어 주지 않을 수 없으며 숨은 사랑을 널리 알리고 싶은 생각이 있는 것은 당연한 줄로 안다. 그러나 아무리 그 허물을 가리려 하여도 사실이 엄연히 있음에 양심이 감추기를 허락하지 않으며 자랑하고 싶어 견디지 못한다 하더라도 근거가 박약해서는 남의 웃음을 면치 못할 것이다. 그러므로 이 글을 적을 때 몇 번이나 주저했지만 언약을 저버리기 어려워 생각나는 대로 두서없이 기록하였으며 독자 여러분의 양해를 빈다.

자랑 첫째, 대구 남산정이라면 그날 하루하루의 생계에 여간 두통을 느끼지 않는 가난한 이들이 살아가는 부락이다. 그중에도 온갖 더러운 물이 썩어 흘러내리는 조그만 개천을 지나 남쪽으로 비슬산을 향하고 앉은 초가 5~6칸이 최청도 영감*의 저택이다. 선생은 일찍이 청운에 뜻을 두어 칠곡·대구·청도 3곳 군수를 역임하고 정사를 공명히 처리함에 백성이 칭송하기 마지않더니 경술년1910년 8월에 한일병합조약이 체결되자 관직을 버리고 두문불출하니, 절개를 온전히 지켰으며 집에 돌아와 노친을 봉양하되

---

* 최현달 1867~1942
본관은 월성이다. 호는 일화이다. 대구 남산리에서 출생하였다. 칠곡군수, 대구판관, 청도군수를 역임하였다. 청도군수 시절 선정을 베풀어 최청도로 불리어지게 되었다. 효심과 형제애가 남달랐으며 청렴결백한 선비였다. 그의 아들 최해청은 청구대학을 설립하기도 하였다. 저서로는 『일화문집』이 있다.

측간 길까지 백발을 날리면서도 반드시 몸소 업고 다니니 이로 미루어보면 다른 일도 충분히 추측할 수 있을 것이며 80여 고령으로 그 자당이 별세하자 3년을 결발恭統치 않고 여막을 모시므로 근대에 보기 드문 하늘이 내린 효자라 이웃이 모두 존경하였다.

　　더구나 선생의 형이 사업 실패로 빚에 고생함을 보고 적지 않은 재산을 전부 팔아 빚 상환에 제공하고 오늘에 이르러 몇 칸 안 되는 초가에 비바람을 겨우 피하고 검소한 음식으로 안빈낙도 하니 선생의 공애恭愛의 정이 또한 지중함을 알 것이다. 선생의 자랑이 어찌 덕행에만 그치랴. 박식다통博識多通을 보통사람이 능히 논평치 못할 지경에 이르렀으니 붓을 잡음에 경인읍귀驚人泣鬼의 문장을 사출寫出하고 시를 평함에 절절묘묘切切妙妙하여 듣는 자로 하여금 감탄치 않을 수 없게 함에도 세상이 선생을 널리 알지 못함은 선생의 지조가 고결함을 더욱 반증하는 것이다.

隱士題로 有詩曰

澗壑松風岩桂烟 有人棲息潔如仙 杉皮屋縛懸猿樹 石角田澆浴鶴泉
流水聲忘天下事 白雲影護日高眠 往往題詩蒼壁在 不書名姓不書年

　　자랑 둘째, 언젠가 본지에 대략 소개되었으며 미술계에 조금만 주의를 기울인 분은 익히 그 성명을 기억할 석재 서병오 씨는 누가 봐도 칠순이라고 보지 않을 만큼 기골이 씩씩하고 음성이 쟁쟁하다. 소싯적부터 천재의 특징을 보였는데 스스로 힘쓰는 정도가 보통사람을 넘었으니 어찌 대성大成을 기약하지 않으랴. 더욱이 중년에 중국을 두루 다니며 널리 고명高明하신 분을 찾아 옛 사람의 시서詩書를 강론하고 돌아오매 그 장지웅문壯志雄文에 비견될 사람이 없었다. 남자가 할 노릇이라고는 못하는 것 없이 모든 것에

석재 서병오 선생 예술비. 달성공원에 있다.

남의 사표가 될 만큼 다각적 천재이다. 시, 서화에 그러하매 일전에 성균관 진사에 천명擅名되었으며 근자近者에는 조선미술전람회 심사위원으로 다년간 활동했는데 더군다나 묵墨은 조선에서 제일이라 한다.

장기와 바둑에 그러하므로 국수國手(장기, 바둑 등에서 그 실력이 으뜸가는 사람)의 존호尊號를 길이 맡아두며 고악古樂에 능력이 있어 이따금 밝은 달 아래 홀로 거문고를 타거나 시가를 읊조리고 의학에 조예가 깊어 친구의 질환을 구제하고 좌담에도 능하며 심지어 술도 잘하니 어떤 모임에서도 풍정風情이 좌석을 원만케 하며 뭇사람의 이목을 혼자 끄니 어느 시대 어느 지방을 물론하고 이런 천재는 보기 드물 것이다.

그러나 이런 천재가 시대를 잘 만나지 못했다고 한탄하는 것이 옳을는지 이제 그의 시 한수를 소개한다.

又洗亭

驅車東郭遠相尋, 坐愛溪山境不深. 樓勢嵯嶸靑嶂影, 天光涵養碧潭心.
我生七十友朋小, 花事三分風雨侵. 北海忘年成晚契, 東坡半日得閒吟.

자랑 셋째, 아미산이면 대구읍성 바깥이다. 옛날에 달밤에 소년들의 장치는 노름을 노인 네 분이 그 위에서 즐겨 구경하던 자그마한 구릉이다. 그러나 성이 없어지고 오래된 오늘에 와서는 시가의 복판이라 할만치 남쪽으로 많은 부락이 들어섰다. 그 구릉에 연와(煉瓦)로 이층집이 힘차게 앉은 것이 사립 복명보통학교와 복명유치원이다. 학교가 부족한 대구에서 여간 큰 공적을 끼치지 않는다.

학교 설립자 김울산*은 노인이다. 검소하기 짝이 없다. 누가 보더라도 남의 심부름하는 사람에 지나지 않는다고 여겨질 의복을 입고 다니는 부인이다. 10만원의 사재 전부를 아낌없이 내어놓고 육영사업에 한없는 재미를 붙여 이따금 학교에 나와서는 손자 나이 된 학생들의 장난하는 것을 보고 저녁이면 기쁜 마음으로 집에 돌아간다고 한다.

---

* 김울산 1858~1944
울산에서 출생하였다. 대구로 언제 이주하였는지는 불분명하다. 순도학교를 설립하였으며, 명신학교를 인수하여 사립복명보통학교로 바꾸었다. 또한 복명유치원도 운영하여 대구의 초등교육에 이바지 하였다. 그 뒤 뜻을 같이한 사람들과 희도국민학교(熙道誠心學校)를 설립하였으며, 대남학교(大南學校) 부속유치원을 비롯하여 여러 사회단체에 기부금을 희사하였다. 그밖에 홍수・가뭄 등으로 인한 이재민 구호에 앞장섰으며, 특히 1936년의 흉년에는 많은 구호사업을 전개하였다. 적십자 운동 등 지역의 사회사업에도 헌신하였다. 석재 서병오 등 많은 지역 유지가 그녀의 뜻을 기리기 위해 1936년 동상을 세우기도 하였다.

본시 말하기 쉬운 것이 남의 말이라. 세상 사람은 '자식이 없으니 그 나이에 그 재산 두었다가 가지고 갈 것인가. 그런 일 하기 잘한 생각이지.'라고 하는 사람이 한 둘이 아니다. 그러나 이런 뜻을 가지고 이런 일을 실행하는 것이 어디 쉬우랴. 더구나 젊어서부터 못 당할 곤욕을 당해가며 분분전전分分錢錢이 모은 여자의 마음으로.

김울산

설립자 김 여사에게는 출가시킨 여식이 있다. 그리고 외손이 난 지 오래라 한다. 재산을 자기 혈육에 전할 생각이 있으면 남녀에 그리 차별이 있으랴. 여식에게도 얼마든지 물려줄 수 있을 것이다. 그럼에도 불구하고 전 재산을 사업을 위해 제공한 그 자선심을 대구부민은 칭송하고 축하하여야 할 것이다. 600명 남녀 재학생과 300명 졸업생과 한 가지로.
별건곤 제33호(1930. 10. 1.) 〈자랑과 허물〉 대구천수

대구가 부끄러워하는 세 가지

허물 첫째, 조금 전 사람의 말에 벼슬로는 경기감사요 호강으로는 평안감사요 돈 생기기로 경상감사라 하였다고 한다. 기후가 온화하며 땅이

비옥한 연고로 영남에는 부자가 많다. 그중에 대구는 경성 다음 될 만치 부자가 많다. 우리 사람으로 백만장자 수가 두 손의 손가락을 다 굽힐 수 있고 그 외 부자라 할 이는 여간 많지가 않다. 이렇게 부자가 많이 사는 이 대구에 무슨 기관이 있나. 달성공원 아래에 조양회관이라는 우리네 공회당 같은 집이 있다. 넉넉지 못한 어느 독지가의 건설이었던 것인데 신축비용을 지불하지 못해 어려운 문제가 몇 번 일어났는지 모른다.

경북구제회라는 명목 좋은 모임이 있다. 누가 얼마 누가 얼마 적기는 번듯이 적고도 그중에 적은 대로 기부금을 낸 사람은 몇 되지 않는다고 한다. 그리고 보니 돈 낸 사람만 어리석은 사람이 되고 말았다. 몇몇 고아를 구제한다고 하자. 얼마나 많은 효과가 있으랴.

경북구제회 직원과 수용 아동

그네들의 생각은 밤낮으로 두 셋을 제외하고는 어떻게든지 소작료를 더 받을 수 있는 대로 받아 어느 날 천만장자가 되어 보나. 그렇지 않으면 자기 나이에도 불구하고 젊은 계집을 몇이나 더 많이 안아볼까. '사회가 무엇이냐. 사업이라고 하는 자는 모두 미친놈이다. 사회라는 것은 무지하고 모진 짐승과 같으니 가까이 할 것이 못되는 것이며 사업이라는 것은 근본 성공과는 남이 된 지 오래이다. 손대는 날이 망하는 날이다. 내가 굶주리는 날 사회가 먹여주며 헐벗는 때 사업이 입혀주나.'라고 하는 생각을 가슴 깊이 새기고 있을 뿐이다.

자기 소작인들이 살아날 길을 찾지 못하여 소작료에 대해 애걸하러 오면 노래를 접하는 태도로 꾸짖어 물리치며 사회가 아무리 후원을 갈망해도 조금도 돌아보는 체하지 않고 사사로운 배를 채우기에 급급하다. 얼마나 세상을 잘 아는 행복하신 분들이냐. 창름倉廩이 여산如山하야 만세유전萬歲遺傳하소서.

허물 둘째, 정말 원통한 일이지 소리를 크게 내어 통곡하여라. 부자부형富者父兄의 덕택으로 세상이 어떻게 돌아가는지 모르는 그 자제들은 모두가 발걸음 가는 대로 마음 내키는 대로 오늘은 이 길이 좋으니 이 길을 걸어보자. 내일은 저것이 아름다우니 저것을 잡자 하는 쓸개 없는 친구들이다. 부형의 생각까지 귀엽게 상속받아 사회를 위해 일할 줄은 전혀 모르고 축첩미식蓄妾美食에 그날그날을 향락으로 보낸다. 몇몇 사회단체의 다 끊어져가는 명맥을 잡고 있다는 이들은 대체로 지방에서 들어온 이들이다. 얼마나 부끄러운 일이냐.

잠자는 사람은 무던히 자고 놀던 사람은 엄청나게 놀아보았으리니 이렇게 서로 손을 잡고 적은 일이라도 가벼이 여기지 말고 정성껏 일을 만들어 보는 것이 어떨는지. 이것이 어찌 오늘의 수치에만 그치랴. 우리를 위해 많은 위훈(偉勳)을 남겨두신 선현을 생각하고 우리에게 적지 않은 기대를 가지고 뒤에서 자라는 자제를 위해 반성해야 할 것이다.

허물 셋째, 개성 같은 특수한 곳 외에 전 조선이 다 그렇다 해도 무방할 만큼 상공업의 주권이 저네들 수중으로 들어간 지 오래이지만 조선의 부향(富鄕)이라는 대구도 한심하게 저네들에게 세력을 갖다 바친 지 오래다. 두 눈을 번히 뜨고 멀쩡한 마음으로 손수 갖다 바쳤다. 소위 번화하고 중심지 되는 시가지는 모두 그네들 소유이고 그네들 상점이다. 얼마 전 보잘것없이 자그마하던 것이 오늘날 몇 배나 증가한 것은 그네들 사업이고 지난해에 굉장히 떠벌리던 상점이 올해에는 굴같이 어두운 곳으로 쫓겨 파리만 날리고 있는 건 우리네 상황이다. *새로운 활로를 개척하려고 노력하는 몇몇 상점이 있기야 있지만은* 여러 해 연거푸 흉년을 당한 우리네 경제로서 더구나 흥성할 일이 있으면 저네들 상점으로 찾아가는 이 백성들 마음을 고치기 전에는 잃어버린 상공업의 세력을 조금이라도 찾아 볼 가망은 전연 없을 줄 안다.

수백 척 공장 연돌에서 주야로 쉬지 않고 연기가 솟아오른다. 말 못하게 값싼 임금으로 장기간 노동하는 일꾼은 누구며 가만히 앉아서 거대한 이윤으로 배 불리는 사람은 누구란 말이냐. 우리네 기술자는 자금이 없고 자본가는 기술자를 신용하지 않으니 어느 날에 협동하게 될지. 이 백성이여 오늘이라도 마음을 가다듬읍시다.

별건곤 제33호(1930. 10. 1.) 〈자랑과 허물〉 대구천수

북성로. 대구지역 내 일본인 상권이 밀집해 있던 곳이다.

어느 은행원이 바라본 대구사회

지난달 일이다. 기자가 경북 안동에서 대구로 향하던 중 우연히 대구 모 은행에 있는 모씨와 동행하며 여러 가지 말을 교환하였는데 모씨는 대구의 근일 시정市情에 대하여 이렇게 말하였다. 금일 조선사람의 경제적 형편이 어디라고 시원하리까 마는 대구의 형편이 특히 심한 듯합니다. 유럽의 세계대전大戰이 끝나고 일본 재계의 경기가 좋아짐이 그 극에 달하던 그때, 아니 그 여파가 조선 전 강토에까지 미칠 그때에 대구의 재계는 과연 황금시대였지요. 그중에도 이상한 것은 우리 조선인의 마음이 특별히 여유로운 듯하다는 것이었습니다. 불과 천원치의 포목을 가진 상인까지 수 만원의 금전을 운용하게 되었습니다. 그리하여 어떤 사람은 새로 주택을 세우며 전화를 가설하며 회사를 조직하여 도가 넘도록 상품을 흥정하며 심한 자는 첩妾을 사고 술을 마시는 등 갖가지 방법으로 놀고 즐기므로 한참 동안 대구는 환락의 천지가 되었습니다.

      그때 일본상인들은 어찌 하였는가. 그들도 물론 당시 재계의 경기 호조에 편승하지 않은 것도 아니나 그들 중에는 당시 그 현상이 영속적이 아니므로 머지않아 큰 반동이 올 것을 예상하고 차기불가실此機不可失이라 하여 창고 밑에 언제부터인가 쌓아두었던 상품을 모두 팔았으며 기타 건물, 자투리 땅 같은 것까지도 매각하여 조선상인 측의 여유자금 수집에 분주하였습니다. 일반이 아는 바와 같이 과연 재계의 큰 공황 즉 세계경제공황은 오래지 않아 찾아왔습니다. 각 은행은 대출금 회수에 분주할 뿐이었으며 전과 같이 대출심사를 대충하지 않았으며 금융은 고갈되고 물가는 폭락

조선식산은행 대구지점. 1932년 건립되어 조선은행과 함께 대구의 경제와 금융을 좌지우지하였다.

오늘날의 대구근대역사관

하였습니다. 우리 상인들은 경제계의 갑작스런 변화에 깜짝 놀랐으나 어떻게 손을 쓸 수가 없었습니다. 수중에 있던 돈은 대출주에게 모조리 회수되고 상품이 있어도 물가 폭락으로 팔 수 없었으며 그리고 그동안 무언가 하고 무엇을 장만한다 하던 것은 오늘날에 와서는 모두 채무가 되고 말았습니다.

그래서 그들은 결국 할 수 없이 있던 주택을 저당 잡히고 가설한 전화를 팔며 그래도 부족하여 어떤 이는 파산까지 하는 비운에 이르렀습니다. 그렇게 흔하던 조선사람의 돈이 왜 그렇게 하루아침에 다 없어져 버렸는가 하여 그 기원을 탐구한즉 그 돈이 자기들 손으로 힘들여 얻은 것이 아니라 재계가 풍부한 그때를 기회 삼아 자기의 재산 정도를 과장하여 일시 많은 금액을 융통한 것에 불과하겠지요. 대구로 말하면 경정京町(지금의 종로)이 우리 조선사람 상업중심지이외다. 그러나 커다란 태풍이 지난 후 오늘의 상황을 보면 말할 수 없이 쓸쓸합니다.

그리고 전일前日로 말하면 대구에 누구누구는 재산가라 하였소. 그러나 그들도 벌써 병이 난 지 오래됐습니다. 시試하여 그들의 재산을 가지고 대차대조표를 꾸며 청산한다면 과연 남는 것이 있을지 없을지 참으로 문제입니다. 그는 열심히 이 사실을 말하며 이 현상을 어찌하면 좋습니까? 하였다. 그런데 이것이 어찌 대구뿐이리오.

개벽 제15호(1921. 9. 1.) 〈우리의 산업운동은 개시되었도다〉 김기전

프랑스 선교사와 대구 유학자

얼마 전 일이다. 대구에 있는 어떤 프랑스인 선교사가 동양 학문을 연구해 보겠다는 생각으로 도내의 어떤 거유(巨儒)를 후한 물품으로 초빙하여 처음으로 천자문, 다음으로는 소학을 배웠다. 이와 같이 동양 학문을 배우는 그 프랑스인은 연구심보다 호기심이 컸을 것이다. 즉 수천 년 이래로 동양인의 사언행(思言行)을 지배하고 있는 유가(儒家)의 학문은 대체 어떻게 된 것인가를 좀 알아보고자 한 것이 그의 주목적이었을 것이다.

그런데 배워가며 본즉 의외로 그 학문은 정히 조직적이며 실제적이었다. 제일「소학」의 첫 페이지에 쇄소응대(灑掃應對)의 일상행사(日常行事)를 말하고 애친경장(愛親敬長)의 대인절차(對人節次)를 보였으며 그 이하가 대체로 그와 같은 조자(調子)로 편성된 것을 읽은 그 프랑스인은 경탄의 혀를 빼지 아니치 못하였다.

그래서 그는 한결같은 말로 이와 같은 학문을 가진 동양인은 실로 다복하다 하였다. 서이계야(書而繼夜)로 배우고 또 배워서 어떤 날은 "동서 제이 권중장입호 … 호개즉역개, 호합즉역합, 유후입자, 반이물폐"(同書 第二卷中將入戶 … 戶開則亦開, 戶闔則亦闔, 有後入者, 半而勿閉)라는 구절에 이르렀다. 뒤에 따라 들어오는 사람이 있으면 절반쯤만 닫고 다 닫지는 말라! 과연 절실한 수신훈(修身訓)이라 하며 그 프랑스인은 또한 놀라움으로 혀를 내둘렀다. 바로 그날이다. 그의 선생 되는 모 거유(巨儒)는 무슨 볼일이 있다고 하여 밖에 나아갔다. 돌아오며 어떤 아동 한 사람을 뒤에 세우고 왔는데 그 선생은 뒤에 따라 들어서는 그 아동이 있음에도 불구하고 문을 절반만 닫지 아니하고 아주 닫았으며 그 아동은 다시 문을 열고야 들어오게 되었다. 제자 프랑스인은 이 광경을

계산성당. 대구 최초의 가톨릭 성당인 계산성당. 사진은 첨탑 증축 이전의 모습이다.

보았다.

『대체 어떻게 된 셈인가. 오늘 배운 소학에는 오늘 가르치던 그의 말씀에는 유후입자(有後入者)여든 반이물폐(半而勿廢)라 하였는데 지금 실제로 보면 그렇지 아니하니…』그는 엄청나게 의아하였으므로 선생에게 그 이유를 질문하였다. 당시 그 선생의 대답이야말로 과연 솔직하고도 굉장하였다. 아주 동양식 유가를 대표하여 대답하였다.

가로되 '글쎄 글에는 그러했지만 실제로는 글대로 할 수야 있겠소. 글은 글일 뿐이고 사람은 사람일 뿐이지요.' 이 대답을 얻은 제자 프랑스인은 낙심이 극에 달하여 '예, 선생님 알았습니다. 다 알았습니다. 이제 더 알 것은 없사오니 선생님이 가시오.' 하는 아주 의미심장한 말로써 그 거유와 소학을 함께 보내고 의외로 빨리 동양 유학을 졸업하고 말았다 한다.

개벽 제17호(1921. 11. 1.) 〈천지현황, 글은 글이요 사람은 사람〉

대구사회에 대한 일 평판

대구청년회는 간판에 비해 내용이 너무 빈약하다. 그중에 동 단체의 회장 서상일 군이 주장하는 말은 참 가소롭다. 군은 말하기를 청년은 민족주의를 가져야 하지, 만일 사회주의를 가지면 조선의 청년이 아니라 한다. 사회주의, 민족주의 이 양 주의 중에 군은 어떤 주의를 가졌는지 알 수 없거니와 일반이 보기에는 군은 나팔주의자喇叭主義者 즉 허언주의자虛言主義者 같다.

조양회관. 처음엔 달성공원 아래에 있었으나 망우공원으로 이전하였다.

달성공원 앞의 큰 건물인 조양회관은 당초 건축할 시에는 청년회관이라는 미명 하에 뜻을 같이하는 다수의 자금을 모집하였다. 그러나 준공 후에는 청년회관으로 사용치 아니하고 대개 가진 자의 오락장이 되었으니 일반 청년회원의 불평이 많음은 물론이거니와 금전을 기부한 여러 사람의 의향은 어떤지 의문이다.

남산정^{오늘날 남산동}이나 명치정^{오늘날 계산동} 부근 일대에는 가가호호에 걸인 엄금이라는 문자를 딱딱 붙였다. 집 없고 의복이 없는 가련한 걸인 동포를 구제치는 못할지라도 차가운 밥 한술도 얻어먹지 못하게 야박한 문자를 문 앞에 붙이는 것은 참 대구의 특색이다.

개벽 제37호(1923. 7. 1.) 〈지방통신〉

이육사가 바라본 대구의 사회단체

전국적으로 폭풍우같이 밀려오는 탄압이 나날이 그 범위가 커지고 그 도가 높아져 감에 따라 미증유의 수난기에 처한 조선의 사회운동은 일률적으로 침체라는 불치의 병에 걸렸으니, 모두 관심 갖고 있듯이 이 고통스럽고 힘이 드는 이 국면을 대국적으로 또 어떤 새로운 방면으로 타개하기 전에는 혹 지방에 따라 다소간 차이가 있겠지만 도저히 활기찬 진출을 보기 어려울 것이다. 그러므로 이 대구에 있는 사회단체를 제목과 같이 개괄적으로나마 소개하려 함에 무엇보다 먼저 필자의 흥미가 상당히 떨어지는 것은 너무나 침체된 현상이, 가히 이렇다 할 무언가를 일일이 말하기 어려울 정도로 한산하여 그 지도자급 인물도 혹 필사의 노력으로 진영을 지키다가도 마침내 힘이 다 빠져 떨어지고 없어져, 몇 개 단체의 회관은 마치 황야와 같이 쓸쓸한 감이 없지 않다. 대체로 이 침체는 그 원인을 두 곳에서 가려 볼 수가 있으니. 그 하나가 외래의 억압이라면 다른 하나는 자체가 부진하다는 것도 피할 수 없는 엄연한 사실이다.

그러나 침체현상의 양면인 자체부진과 외래억압이 침체현상을 양면으로 이룩한 것을 가지고 이 두 가지 중 어느 것이 근인近因이고 원인遠因인가를 구분함은 마치 닭과 달걀의 선후 구분처럼 심히 어려운 일이나 조선 서쪽지방의 일반 사회운동이 조선 남쪽보다 상당히 활기차게 나간다는 것을 들을 때, 다 같은 억압 하에서도 남북이 이만큼 차이가 나는 것은 남쪽지방 전투분자가 아직도 그 발걸음이 용감치 못하여 자체 부진하다는 책임을 지지 않을 수 없다. 항상 앞서 나간 용감한 사람이 희생당하면 연이어 진영陣營을 지키고 후임을 계승하는 투사가 끊어지지 않아야 할 것이니 새로운 투사여, 어서 많이 나오라. 이에 대구에 있는 사회단체 몇 개를 소개하면 아래와 같다.

1. 대구청년동맹

1927년 7월 24일 창립하였으니 당시에 전 조선에서 합동운동의 기운이 농후함에 따라 대구청년회, 아구청년동맹我求靑年同盟, 서울신우단, 청년동맹, 무산청년회 등이 합동해서 대구청년동맹이 창설되고 초대 집행위원장으로는 현재 제4차 고려공산청년회 사건으로 재감 중인 장적우 군이 취임해서 회원이 약 130명가량으로 숱한 활약을 하다가 마침내 그 사건으로 영어의 몸이 되고 또한 언론집회의 자유를 점점 상실함에 따라 일절 집회와 심지어 위원회까지 잘 열지 못해 거의 폐문 상태로 되었으며 현재는 박명기 씨가 집행위원장으로 있으나 아무 사회적 지도력을 발휘할 수 없어 그냥 침묵 상태로 있다.

그러나 대세가 성하고 쇠하는 한 토막만으로 장구한 미래를 결정할 수 없는 것이니 오늘날 일시적 침체로 영원한 소멸을 비관할 수 없는 것이며 또한 역사적 필연성만을 믿고 강태공의 부귀영달을 그대로 기다릴 수는 더더욱 없는 것이니 모름지기 필사의 노력으로 이 한산한 진용을 활기 있게 정돈해서 고통스런 국면을 타개하기를 바라는 것이다.

2. 대구소년동맹

1924년 7월 27일에 소년혁영회, 개조단, 노동소년회, 혁조단의 4개 단체가 합동해서 대구소년동맹이 창립되었는데 그중 대구소년회는 김영파 군의 합동의 주지를 따르지 않아 중도에서 이탈한 일도 있었으나 대구소년동맹은 회원 150명으로서 제1대 위원장을 손기채 군으로 하여 대중적 훈련과 자체 교양 같은 것에 많이 노력하다가 지금은 박병철 군이 집행위원장으로서 다소 활약하나 이 역시 전에 비해 매우 침체된 상태로 별로 일일이 열거할 정도의 역할을 하지 못하는 중이다.

3. 신간회 대구지회

1927년 9월 3일에 창립되었으니 민족적인 단일당의 총 역량을 집중하는 신간운동의 맹렬한 기세가 전국적으로 파급될 때 창립 당시 회원이 200명으로서 제1대 회장 이경희 씨가 통솔하고 대중적 훈련에 자못 활기를 뻗치다가 이 또한 점점 약해져 부진한 상태에 이르러 지금은 회원 수가 일백만의 감이 없지 않으며 대회석상 같은 데는 감시하는 경관과 집합 회원의 수효가 거의 비등할만한 보잘것없는 상태로서 일찍이 어느 임시대회에서 서기장 류연술 씨가 눈물을 흘리며 비장한 어조로 한산한 진영을 통탄한 일도 있었으나 마침내 더 진전됨 없이 위원장 송두환 씨의 꾸준한 노력으로 그냥 추과(推過)해 나가나 역시 회원 자체의 명확한 의식과 견인한 용기를 고무해서 어쨌든 현 단계의 대중을 수용하는 신간회운동을 의식적으로 지지하는 질적으로 충실한 회원이 늘어가기를 바라는 것이다.

4. 근우회 대구지회

1928년 2월 27일에 창립되어 회원 수 약 150명가량으로 위원장 이춘수 씨의 은인자중한 노력으로 현재 어려운 국면을 당해도 그냥 회원을 통솔해 나가며 사회적으로 대서특필할 만한 공과(功過)를 나타내지는 못하였으나 회원 자체 내에서 월례토론회 같은 자체 교양에 매우 주력하며 이번 팔공산 일대 수해에는 다른 단체보다 먼저 솔선수범해서 회원들끼리 모은 의복류 70여 점을 가지고 위원 4~5인이 산길 40여 리의 수해지를 고되게 걸어 일반 이재민에게 분배해준 일도 있었으며 어쨌든 어지럽지 않은 활동이 그다지 침체하진 않으니 이 현상으로 나마 훨씬 더 일반 가정부인에게 근우회 운동을 침투시켜서 거기에 공고한 진세(陣勢)를 베푸는 것이 일책(一策)이 아닐까 한다.

5. 경북 형평사* 대구지회

1912년에 창립되었는데 회원은 약 50명가량에 불과하나 자체의 통일은 어느 단체보다 제일 성적이 좋다고 하며 지사장 김춘삼 씨의 혼신적인 열성으로 창립이래 지금까지 사무를 장리(후매)하며 대구부 안에만 있는 정육점 수가 300을 초과하여 모두 단결과 통일이 매우 공고히 되어 있다니 그만한 역량으로 좀 더 사회적 능률을 내기 바란다.

6. 경북청년연맹

1928년 1월 7일에 경북 김천에서 기자동맹이 창립된 직후 인하여 경북청년연맹이 되니 경북에 있는 각 청년동맹과 또 세포에 포용되었던 전위분자들의 총결속인지라 가장 전투적 기세로 제1대 위원장 홍보용 씨가 취임하여 많은 활약을 하다가 ML당(조선공산당 내 핵심당) 사건으로 투옥되고 연하여 정시명 씨가 이어받아 간판을 조양회관에 걸어두었던바 정씨 또한 ML당 사건으로 투옥됨에 간부들은 모두 사라지고 간판조차 부지불식중 뉘 손으로 떼어지고 말았으니 이것은 정식으로 해체한 일도 없이 인제는 대구인의 기억에서 조차 일찍 사라진 단체가 되었다.

별건곤 제33호(1930. 10. 1.) 〈대구 회사단체 개관〉 이육사

＊ 형평사
백정들이 신분타파를 위해 설립한 단체이다. 1894년 갑오경장으로 신분제도가 폐지되었음에도 일제의 묵인하에 백정은 여전히 차별받았으며 목욕탕 등 다중이용시설의 이용에 제한이 있었다. 형평사는 진주에서 처음 설립하였는데 이후 전국 각도에 지부가 설립되었다.

서상일의 대구 상공업계 소감

역사적 견지에서 대구는 일반 경제계나 상공계에 있어 경성과 비등한 과정을 밟아왔지 않았나 하는 생각을 가지는 것은, 경성은 어쨌든 조선 500년 동안 정치의 중심인만큼 그 상공계에 등한시해 온 것보다 필연적으로 지방만을 착취해 살아온 외교적 술습術習이 발달한 결과 지금 서울 사람은 대개가 남자로서 여성적으로 길들여진 까닭이 결코 우연이 아니었고 소위 상공계는 중하계급이 경성 중부지대를 중심삼아 거의 농노시대적 대폐大弊자본과 봉건시대적 상업자본의 유치한 상황에 그들의 소위 경제생활이 생장하여 오다가 한일병합이란 일대 변혁에 봉착한 20년 동안에 정치세력으로서의 기생적인 경제생활의 붕괴는 물론이오.

현대적 상업자본, 산업자본, 금융자본이 홍수같이 밀려오는 물결에 민영휘, 김성수 등 재벌의 경영 아래 예속된 대부분의 공장과 상회 등이 현대적 산업형태를 겨우 보존할 뿐이요 그 외 조선인의 일반적 상공계라 할까, 경제계는 보잘 것 없을 만큼 파멸과 몰락 과정에 있는 오늘의 경성과 거의 같은 전철을 밟고 있는 것이 대구 상공계라 보지 않을 수 없는 것은 대구 역시 그 정치적 생명은 조령 이남을 경계로 일인지하요 만인지상으로서 지방 착취의 기생적 생활에서 토착인의 경제생활이 영위되어 왔는바, 다행히 대구는 지리적 관계에 있어 농업지대인 것만큼 비록 정치세력은 붕괴했을지라도 보수적 분위기에서 의연히 봉건 지주세력을 유지해 온 것만은 대구의 경제적 한 특색이라 할 수 있으나 그 외 일반적 경제상태라든지 상공계에 있어서는 오히려 경성에 비할 바가 아닐 만큼 원래가 유치하였고 공허한 상태를 갖고 왔음은 물론이겠고 더욱이 지주세력이 굳게 자리 잡은 어두운 그늘에서 그 자신의 생장발달까지 저해되었는데 돌연히 급속도로 불어 닥치는 현대 제국주의 태풍을 만났으니, 그 아래 신음하는 참상이야말로 어이없는 대구상공계의 내용이라 말하지 아니할 수 없다.

라디오로 런던의 금은 시가와 뉴욕의 주식 시세를 맞춰 가면서 비행飛行이나 운수運輸로서 현대 경제의 발전이나마도 경쟁하고 있는 남들에 비해 하등의 국가적 보호가 없음은 고사하고 상호자활의 자관自觀까지 없이 너나 할 것 없는 조선사람 전체의 경제적 장래는 일주株의 암영밖에 보이지 않는 우리들이라면 더욱 대구 경제계의 이면 소식이야 제일 경성의 몰락과정을 행진하고 있을 뿐이다.

경성은 정치적 중심인 것만큼 급격한 변화를 가져온 데 비하여 대구는 지주 중심인 까닭으로 다소 보수적 기분에서 그 행진이 점둔적漸鈍的이나마도 필연의 귀추는 몰락과 파멸 그것밖에는 아무 것도 없을 것 같아 보인다. 대구인의 보수적 특성이 어떤 의미에서는 특장特長이라 할 수 있지만 그 반면에 용단력勇斷力과 진취성이 전연 결여되고 보니 이 만성적 쇠약증을 도저히 자신의 힘으로 일대 수술을 가하여 기사회생적 방향전환을 하지 못할 것은 사실이다.

그렇다고 해서 보수적 생명 그것이나마 태풍 같은 급세急勢에 능히 저항하여 그 명맥을 유지할 수 있을까. 그는 오직 우둔한 대구인의 소견밖에는 없을 것이다. 인간으로서 가진 악징惡徵을 구비한 대구인의 장래에는 무엇이든지 사수死守에서 사멸死滅로 행진하는 것밖에 인간사회를 위해 아무 것도 찾아볼 것이 없다. 전 조선에서 지방으로는 그 수위首位를 양보할 수 없는 상당한 부력富力을 썩혀두고도 그들의 경제적 영위라면 소작인 착취와

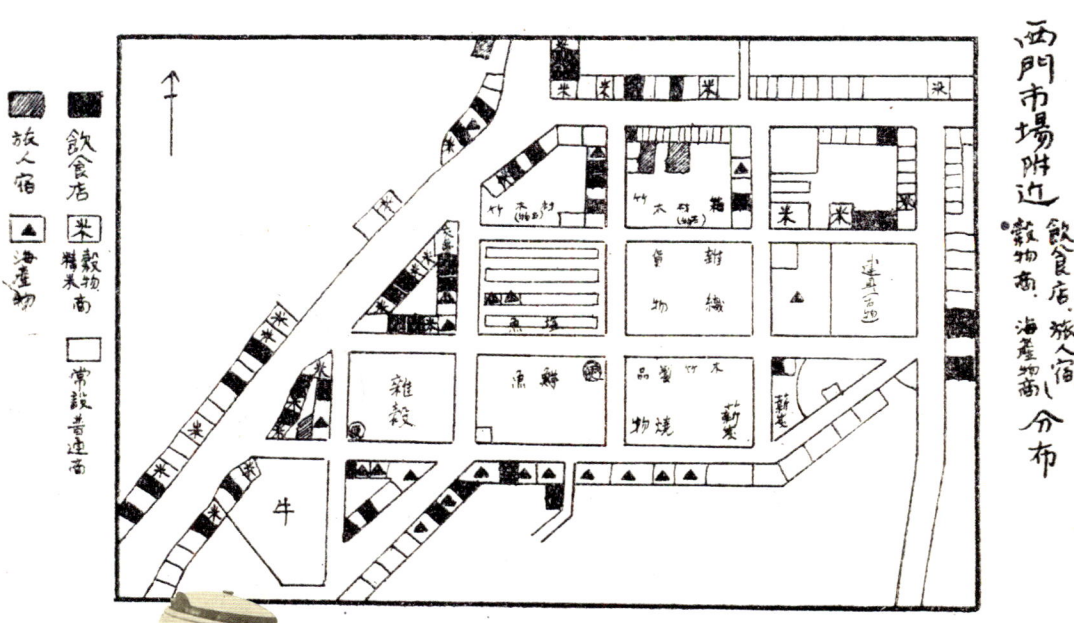

서문시장 배치도. 서문시장 부근 음식점, 곡물상, 해산물상, 여인숙 배치도. 1933년 대구공립여자고등보통학교 교사 전촌일구田村一久가 기록하였다.

서문시장. 대구 조선인 상권의 중심지였다.

고리대금뿐일 것이요 그것이 아닌 고급적 경영이라면 동양척식회사나 조선식산은행에 연부금 내어서 토지매입이 유일한 치부致富의 첩경이라는 자기 무지에서 자만의 편안함을 기뻐하고 있음을 뉘가 웃지 아니하랴?

  대구역에 1년간 발착하는 화물 총톤수 27만 4천 톤 중에서 이것을 차급車扱으로 이용하는 상인으로서는 염류에 약 5,000톤을 취급하는 강치운과 북어北魚 등에 약 2천 톤을 취급하는 최상근 외 몇몇을 제외하고는 또 뉘가 있다고 할 수가 없으며 곡비류穀肥類에는 미곡생산고 2백만 석을 출입하며 잡곡 수입고 10만 석을 소비하며 비료 수입량이 거의 1만 톤을 소화하는 대구의 대시장에 한 사람의 직무역상이 없다는 것만 보아도 무언가를 웅변으로 증명할 수 있을 것이다.

  80만원의 어물이 집산하는 시장에 정미正味 5,000원의 자금을 가진 객주 한 사람도 없으니 더 말할 것 어디 있으며 300만원의 주단포목이 수입되어도 한 사람의 수입상이 있을 리 만무하고 소위 대구약령시라 하면 역사적 명물로서 100만원의 무역고를 가졌지만 주인공은 개성인 김홍조 한 사람의 10만금 성공담이 자랑거리가 된다.

  공업계는 어떠하냐? 이상악이 경영하는 동양염직소에서 동양 모시 생산량이 10만 필 총 가액이 약 20여만원의 직조공장 하나요 오직 외동아들 격이요 그 외에는 생산량 200만매 가액 4~5만원의 백남채의 조양연환공장 밖에 무엇이 더 있을 것이랴? 장길상계의 경일은행, 정재학계의 합동은행, 서병원계의 조양무진회사와 같은 금융기관이 대금업이 발달한 역사적 산물의 특징이라 할만한 주식회사를 떠나서는 한 개도 더 볼 수 없는 것이 대구상공계라 하면 그 일반적 경제계도 엿볼 수 있을 것이다. 소위 재벌이 경영하는 경은慶銀, 합은合銀도 장차 일본인 전무이사가 있는 은행으로서 제2의 한성은행처럼 될 운명을 가지게 된다니 몇 사람의 호구를 의탁할 만한 취직이나마 가능하면 불행 중 다행이라 할까?

나날이 쇠하여 가는 우리 상공계가 구사일생으로 만회하려면 오직 동병상련의 상공업자 상호 간 보장할만한 무슨 연대적 공고한 단체를 이루는 것이 자활의 한 방도가 될까 하여 대구상공협회가 조선 최초로 창립된 지 이미 4~5년이 지났으나 오직 빈 간판만 달성공원 앞 조양회관 기둥에 걸려 있을 뿐이다.

모든 무지와 몰각으로 사장(死藏)에 헤매면서 그것을 유일한 향락지대로 기뻐하는 인사들이나 관념유희로만 아침부터 저녁까지 갑론을박으로 소일을 삼는 동무들이여 우리가 참되게 부활하는 최고의 방법은 무엇일까? 평양에 융성한 현대 산업도시의 분위기가 어찌 우연이라 하랴. 정치적 자유를 상실한 조선 500년 동안 오직 경제적으로만 한걸음 한걸음의 축적된 발전이 오늘날의 수확을 이룸이 아닐까?

중국인의 세계적인 상업적 지혜가 청나라 300년 동안 근로의 산물이라면 유태인의 세계적 비약 또한 2,000년 동안 오랜 설움에서 최선을 다함에 따른 소득일 것이다. 뿐만 아니라 미래사회를 동경함에도 실천과 역행을 떠나 얻을 것이 있으며 하나를 버리고 둘을 구할 수 있을까? 우리는 좌로나 우로나 오직 무지에서 자각으로 관념에서 현실로 가능한 최소한도의 한 걸음으로 노력이라 할까? 투쟁이라 할까? 부단한 집적 그것이 우리의 최후 수확이 아닐까 한다.

별건곤 제33호(1930. 10. 1.) 〈대구상공계 일별〉 서상일

주인 없는 대구, 주인 바뀐 대구

노적가리에 불 질러 놓고 박산을 주워 먹는 것보다 더 서글픈 것은 없다. 열패劣敗에 퇴폐에 거의 몰락에 이른 우리네가 아낄 대로 아끼고 지칠 대로 지쳤으니 무언가가 있어야 검토도 해보고 비평도 할 일이지 한 푼 없는 빈주머니를 뒤져 무엇하랴마는 아파 않는 소리가 절로 나고 기막히니 부르짖어보는 반면에 잔해의 어느 무더기에서 새싹을 찾을 것이라고 이 폐허를 헤매는 것은 누구나 똑같은 마음일 것 같은데 그나마 초지初志대로 조리 있게 글을 쓸 여지도 없이 닥치는 대로 대구 특징의 몇 가지 현상을 들라니 결국 이 잡평은 잡담잡밥이 되고 말지도 모르겠다. 누가 나에게 대구 현상의 모토를 지으라면 나는 다른 일 다 치우고 이렇게 부르리라. 주인 바뀐 대구, 주인 없는 대구.

'주인 바뀐 대구'

거목산하擧目山河, 물시인비物是人非(눈을 들어 보니 산하는 그대로이지만 사람은 달라졌네)는 벌써 옛일이 되어 버렸다. 아니 그러한 곳이 어디 이뿐이랴마는 대구처럼 요다지 알뜰히도 바뀐 데는 없다. 부산은 지역상, 역사상, 관계가 특수하니 별개의 문제려니와 경성, 평양, 원산, 개성 등 다른 도시와 무슨 시설 어느 숫자로 따져 보아도 우리네 존재를 모를 만큼 차이가 생기니 첫째 여기서 대구인의 기질과 풍습을 엿볼 수 있고 따라서 모든 비점非點의 주인主因을 캘 수 있는 것이나 문제의 범위가 너무 넓고 어려우니 그만 두기로 하고

'주인 없는 대구'

훈련받지 않은 민중, 지도하지 않는 사회라지만 역시 대구처럼 범벅궁이 판은 없을 것이다. 모처럼 무슨 일이 제창되면 어떤 주장이나 가능성도 생각지 않고 중구난방으로 떠들기만 하다가 인해 몽롱한 색채로 흐지부지 마는 것이 상례이다. 저 도시계획 문제, 시장 이전 문제, 영시(營市) 문제, 취인소 문제, 복명학교 문제, 교남학교 문제, 전기 문제, 집세 문제 등 과거의 예를 보더라도 어느 하나 통일적 주재 하에 순조로운 해결을 보았던가.

심지어 운동경기, 자선연주 같은 것 하나를 할 때마다 각 처에서 공연한 말썽만 피우다가 정작 일 앞에 나서는 한 사람 내세울 사람이 없는 데도 불구하고 어사 중간에 백괴(百怪)가 제멋대로인 판이니 결국 모든 것이 혼란해지고 시들어 없어질 뿐이다. 이런 범론(汎論)을 쓰자면 한정이 없고 영역도 좀 다르니 잡평자(雜評子)는 거저 잡평 보따리나 털자.

전 조선에 유명한 대구 부자이니 아무리 바쁘더라도 첫째로 안칠 수 없는데 특징을 잘 예찬해 드린다면 경륜(經綸)은 소작대왕(小作大王), 사업은 미인경축(美人競祝)뿐이라. 이 말은 부잣집 담이 아무리 겹겹으로 높고 고막이 아무리 둔해도 어디서 꾀어 들어가더라도 하마 귀 못이 박힐 지경일 터이라 흥미 없어 그냥 두려 했더니 또 하나 부득이 첨부할 것은 대구가 부자의 최고 안전소굴이란 말을 듣고 각 읍의 부자들이 가만히 살짝 꽁지를 물고 모여들기 시작함인데 이는 청출어람이 되려는지 대대로 신봉해 오던 '봉제사(奉祭祀) 접빈객(接賓客)'에도 접빈객만은 벌써 말소제사(抹消祭祀)부터 내고 온 모양. 부자 말을 많이 하면 샘낸다고 할 터이니.

일전에 대구부립도서관에 가 본 소감이나 말할까. 도서관이야 보잘 것 없지만 일요일에 이다지 수효가 적으므로 독서통계부터 알아본즉 10만

대구부립도서관. 대구부청과 함께 지금의 시청 자리에 있었다.

부민에 6개 중등학교에 금년 8개월 동안 월평균 250인 약 매일 70인에 불과하다. 독서열 없는 대구란 말은 많이 들었지만 직접 이 숫자를 보고는 새로이 놀랐다. 그러면 대구 청년이 대체 독서 대신에 하는 일이 무엇일까? 술, 계집, 화투, 마작, 잡담과 낮잠 이외에 바둑은 제법 고상한 노름이라 할까. 그러나 그것도 예전 말이다. 주색잡기, 노는 것도 팔자 좋은 시절 말이지 이제 와선 다소 애매한 소리다. 몇몇 부자 자제와 타락한 아편쟁이에게는 한 사람도 편히 쉴 틈이 없다. 아침저녁으로 식량과 장작 걱정보다는 협잡질 하기에 바쁘고 전당포 걸음에도 다릿병이 날 지경이라.

그래서 시시각각으로 닥치는 침통한 생활고에 생의 진제(眞諦)의 묵시를 받은 인간 환영의 파탈(破脫)을 꿈꾸게 된다. 생각건대 이야말로 극단의 시련일지니 우리는 이 시련의 귀추를 도리어 응시하는 것을 게을리 할 수는 없다. 그러나 이는 이론이요 현실인즉 세기말적 퇴폐 단말마(斷末魔)와 같은 악착뿐이다. 가뜩이나 영양부족에다가 저 밤잠 못자 노란 얼굴 백통 불을 켜 밝은 눈알이 무엇을 말함인가. 투기성 유탕풍(遊蕩風) 모던풍 기술 요술 웬갖 잡(雜)탈을 눈꼴 쓴대로 늘어놓는다면 두 가지 골라 15전짜리 전이 버두름 하나 그걸 다 말할 수야 있나.

요리점, 기생집, 음식점이 너나할 것 없이 파리만 날린다 하지만 이는 불경기의 대관(大觀)이요 그래도 밤새도록 한길에 위치는 '가슴박이 택시'가 하룻밤에도 수십 대 넘고 외상 막걸리에 정신을 잃고 떼를 지어 아리랑 고개만 찾는 '도포'들이 밤마다 수없이 네거리를 횡행하니 어느 한편이 못 살아서 발버둥칠수록 어느 한편에는 퇴폐적으로 놀아나는 근성은 더욱 노골화 하는 모양이라. 만일 이 습성에 얼마 안 되는 돈이 실린다면 불야건곤(不夜乾坤)에 환락천지가 될 터이니 그중에도 순진하고 곧은 학자와 건실한 투사가 있을는지?

모던풍! 모던풍! 대체 이놈의 바람이 웬 바람인지 대가리에 쇠똥도 벗겨지기 전부터 나팔바지가 땅을 질질 끌고, 붉은 리본에 얼룩셔츠며 복소쿠리 모자를 감사 뚝 같은 머리에 삐딱하게 눌러 쓰고 '처음에 만난 곳은 야시장이요 그 다음 정들기는 활동사진관'을 불러대는 지경이니 나잇살이나 먹은 친구가 이러는 것도 기가 막힐 판인데 이 모던풍이란 노소 구분 없이 불어 덤비는 데 참말로 혼비백산. 이것을 최저급의 일례로만 알자하면 어느 계급 누구누구 할 것 없이 이런 경향이 곧 닥칠듯.

좋게 말하면 투기성, 나쁘게 말하면 도박성 또 달리 말하면 오락성, 이것 역시 대구사람이 결코 남에게 뒤지지 않으니 집집이 뒤져서 화투, 골패가 나오는 것은 내가 형사가 아니라도 잘 알겠는데 이도 시대에 뒤떨어진 것이요 저급低級이라고 이제는 마작인가 막죽가 하는 고급 도박풍이 불기 시작하는데 단속 없는 특권상의 신사치고 모르는 것이 수치라 하여 대구에도 벌써 밤 깊도록 흘러 팡소리가 안 나는 사람이 없다나. 동서남북풍이 휘휘 9만 섬 부는 판에 시퍼런 영감 풍치가 비래비거락수가飛來飛去落誰家(바람 타고 이리저리 뉘 집에 떨어지는가)를 하는지 이걸 보면 돈 없단 말도 거짓말 같은데 그래도 얏다, 돗다의 전성시대 보다는 소규모임을 보아 돈 귀함은 사실.

    이제 지루해지니 여성사회를 찾자 이도 남녀차별인지 모르지만 도회지 여성은 부자만 모였는지 부인, 영양合孃학생, 심지어 작부, 행랑어멈 할 것 없이 계절마다 이름 모를 새 비단옷과 상상 못할 새 화장품은 시대 첨단으로 이야기되는 선구자인데 가장 놀랍고 용한 것은 이 여성 부호의 열에 일곱, 여덟은 그 생활내용을 캔다면 몹시도 가난한 내 살림살이와 큰 차이가 없는데 밖에 나서면 전과 다름없이 백만장자 부럽지 않은 차림새를 하니 그 조화造化야말로 여신 같다.

    이 여성 예찬을 통틀어 놓고 말하면 평범한 가운데에도 뛰어난 사람이 있으므로 함부로 말을 해하며 아름답게 나설 분이 있으니 '쇠똥머리' '연엽치마' '뾰족구두'란 명성이야 높이 들었지만 과연 온갖 유행의 원조요 모던 선전의 사도인 그네들에게는 이를 한마디로 신여성? 납함納啣(윗사람에게 명함을 드림)을 알릴 수 없나니 그 이유는 해방된 여성으로 호사 좀 하는 것이야 예사라 하겠지만 할 수 있는 것이란 연애서한 줄이나 쓰고 악보나 외우는 것 외에 아무 것도 없으면서 제법 사상가 운동가인 체하는 그 '체' 앞에 더 혹할 일이라.

달성관 준공기념식. 달성관은 일제강점기 대구의 대표적 요정으로 청년부호가들의 발길이 잦았으며 심지어 도박을 벌이기도 한 곳이다.

요식업소 야마토 화단

진실로 대구에서 여성운동 할 신여성에게 깊이 부탁하는 것은 이런 탈을 쓰고 요술을 하는 사이비 신여성부터 ××하여 주소이다.

경건한 태도로 학생사회를 보자 최근에 와서 대구에서 학생이라는 것이 무색할 만큼 큰소리 못하는 것은 자각할 것이요. 이 편에서도 그만 양해가 있는 바니 논외로 하고 대관절 기분부터 소침한데다 예술가 태態가 흔하고 많은 것이 아무리 보아도 걱정이다. 거기서 조금만 벗어나면 모던풍문집聞集 또 벗어나면 풍기風紀문제가 될 터이니 '옥불가오玉不可汚'라. 자중하여 다고. 왼 사회 촉중囑重을 보라.

영시문제令市問題 이것은 여기 말할 성질의 것은 아니지만 300년 역사를 가진 대구 유일의 자랑인 영시인데 근년에 어떻게 장소 이전 문제가 격심한지 한마디 하지 않을 수 없다. 대구의 동북쪽은 일본인지대 서남쪽은 조선인지대로 벌써 운니雲泥(구름과 진흙)의 차이일 정도로 큰데 우리 서남부지대도 격세지감이 날 정도로 차별되어 서부는 유명한 대구시장을 비롯해 곡물포목 육해산물 상인들이 그대로 시가를 형성하며 영업상 생활상 토대라도 있다지만 남부는 원채 구축 당한 지대인데다 남문시장이 있지만 없는 것과 다름없으므로 남은 것은 신설된 염매시장과 영시인데 영시마저 서부에서 기어이 이전하려는 것은 경자복지傾者覆之(스스로 망하는 자를 망하게 함)도 분수가 있지 수만 종업원의 생활문제는 어찌 하려는가.

이전의 첫 이유는 남부에서는 영시 장소가 없이 도로를 사용한다는 것, 둘째는 남부에서 새로운 장소를 변정辨定하였고 셋째는 하부하인何部何人을 물론하고 협력개선하면 될 것인데 서부에서는 빼앗는 것을 좋아해서 이전만 주장하는 그 심리를 알 수 없다. 상세를 여기서 다 말할 수 없어 다음 기회로 미루거니와 약상이 아직 어두운 만큼 영시의 직접 관계자인 약종상도 사실 이익을 독점하는 비현대

대남한의원. 1935년경 건립되어 약령시 골목의 역사와 고풍스러움을 간직하였으나 2000년대 초 사라졌다.

적인 경영상의 결점도 적지 않을 터인즉 이번 기회에 깊이 반성함이 어떨는지.

　　　　마지막으로 대구행진곡에 맞추어 개괄적으로 훑어보자. 대구를 언뜻 볼 때에 원정(북성로), 중앙통 일대는 제법 현대도시의 번화가를 보여주고 버스가 새로 다니고 골프장이 있고 비행장이 입에 오르고 대 대구계획이란 소리를 들은 지 오래된즉 참으로 삼남의 대도시로서의 면목이 훌륭한 모양이다. 그러나 이것이 우리네 살림과는 달리 격화소양(隔靴搔痒 노력을 하나 적정한 상태에 이르지 못함)의 느낌이 얼마이뇨. 꼭 이 우리네 현상을 말하자면 단체는 미미하고 상공업은 쇠퇴에서 파멸되었고, 청년과 학생은 나약하고 해이해 졌으며, 대중은 못 죽어서 연명하고, 또한 행진은 행진일터이니 궁변(窮變)의 리(理)가 없을 리가 없다.
별건곤 제33호(1930. 10. 1.) 〈대구잡평〉 운정

대구지방 순회 소감

나는 이번에 우연히 조선기근구제회의 사명을 가지고 지난달 13일 경성을 출발하여 그동안 경상남북도 지방을 순회하게 되었다. 그간 4주 동안 여행하였고, 순회한 지방은 경북 대구를 위시하여 전후 14개였다. 그래서 나는 이같이 돌아다니면서 그 지방의 사정과 풍습이 상이함에 따라 여러 가지 새로운 견문과 새로운 느낌을 얻게 되었다. 다시 말하면 그동안 내가 메고 다니는 사명을 배경하여 직접, 간접으로 우스운 일도 있었고, 또는 도태되는 시대상의 한 가지 막할幕할로서의 진기한 일도 있었다. 그래서 나는 이번에 여행을 마치고 돌아온 틈을 이용해 불충분하나마 거기에 대한 자그마한 느낌을 적어 보려는 것이다.

대구, 이곳은 경북의 도청소재지일 뿐만 아니라 마침 교통상의 요충이 된 까닭에 나는 우선 경성을 떠난 후, 첫 발길을 이곳에 멈추게 되었다. 과거에도 이곳을 몇 번이나 통과했으나, 이번같이 다만 양 3일간이라도 체류해 본 적은 없었다. 그래서 나는 정거장에서 내리는 첫 발길로 직시直時 시가지를 돌아다녀 보고 비로소 이만하면 대구 구경은 꽤 잘했다는 듯이 다소간 안심과 만족을 얻은 것 같았다.

나는 일찍이 영남의 대구, 대구의 달성공원이라는 말을 자주 들었다. 그러나 내가 본 달성공원은 승경勝景의 공원, 유원지의 공원, 공원의 공원이라는 것 보다는 저들 신사의 공원이오, '취거取居(신사 입구에 세운 석계문)'의 공원이었다. 공원 안으로 들어가는 첫 감상은 신선한 공기를 마시며 유연한 기분으로 산책하는 것이라기보다 마치 신사에 참배하러 들어가는 듯한 기분이 생기고 만일 그렇지 않으면 그 신사 집 구경하러 들어가는 것같이도 생각된다. 이는 다른 가닭이 아니다. 누구나 달성공원에만 발길을 들여놓으면 바로 정면 입구에 굉장한 신사건물이 서 있는 것을 볼 수 있기 때문이다.

그래서 나는 모처럼 기대했던 달성공원 구경도 결국 나머지 느낌은 '그저 어디든지 그렇구나. 별수 없구나.' 하는 것뿐이었다. 그리고 나는 대구에 내려서 새로운 집단 하나를 발견하였다. 그것은 곧 속칭 '도리우찌단'이라는 것이니 이는 곧 조타모자打帽子소위 헌팅캡이라고도 한다, 식민지시대를 배경으로 한 영화에 일본형사나 깡패들이 주로 착용한 모자를 쓴 사람들의 특수한 집단을 지칭함이다.

마침 나의 숙소는 바로 대구역 앞으로 직통된 대로를 이웃하고 있는 볼품없이 좁고 너저분한 집이었다. 처음부터 청객請客쟁이를 따르지 않고 공연히 나 혼자 돌아다니다가 내 딴으로는 값싸고 깨끗한 여관을 정한다는 것이 겨우 그런 복덕방을 차지하게 되었던 것이다. 그래서 밤이 깊도록 구루마 소리와 통행인들로 뒤끓는 소리로 시종 평안한 잠을 이루지 못하였다. 아마 밤이 그 이튿날 새로 두 시경이나 되어서 별안간 문밖 큰 길 한복판에서 치고 갖고 하는 아우성 소리가 요란히 들려오며 금시今時에 큰 일이 일어날 듯이 대구성내 야밤의 침묵을 깨고 일대 격투장이 벌어진다. 주정꾼의 편싸움이 일어난 것이다.

도리우찌단의 일과복습 시간이 닥쳐온 것이다. 그저 될 말 안 될 말로 '고라' '빠가' 하면서, 발길로 차고 손으로 때리고, 야단법석 피운다. 혹은 둘씩 혹은 하나씩 서로 맞붙어서 한 5~6인이 한 덩어리가 되어가지고 밤새는 줄도 모르며 우승 없는 승부를 벌이고 있다. 이 싸움에는 본시 중재도 없고 시시비비 판단도 없다고 한다. 싸움 말리러 달려간 경관들도 매 맞기가 십중팔구요 그저 보통 사람은 말 한마디 건네 보지도 못한다는

대구신사. 청일전쟁 당시 달성토성에 일본군인이 주둔한 인연으로 1914년 대구신사가 조성되었다. 일제의 황국신민화 정책으로 많은 대구사람들은 강제로 대구신사에 참배하게 되었다.

대구역과 연결된 중앙로. 왼쪽 큰 건물은 조선은행 대구지점이다. 멀리 대구역이 보인다.

것이다. 그래서 나 역시 제 물에 공포를 느끼고 그대로 잠시 서서 보다가 들어와 버렸다.

어떤 친구의 말을 들어보건대 본시 대구에는 그 같은 도리우찌단이라는 의식 없는 테러단이 유명한 것으로 그저 그 사람들은 한 푼이면 한 푼, 두 푼이면 두 푼, 있으면 있는 대로 먹은 후에는 밤이 깊도록 온 길가를 헤매며 서로 물고 뜯기고 차고 울며 부르짖다가 그 이튿날 만나서 돈 있으면 또 먹고 마시는 것이라 한다. 그 사람들의 인생관은 어디까지나 육체의 향락을 바탕으로 한 현실주의로서 극히 방만적이오 낙천적이라 하겠다. 그런 종류의 사람들이 대구성내에 수십, 수백이나 되는 것인지, 마치 한 개 소왕국을 이루고 탈세적 초인생활을 하고 있는 것 같이 생각된다. 대구인의 성품은 마치 서쪽 평양인의 그것과 같이 좀 급한 편이 많은 모양이다. 그리고 시가지나 인구를 비교해 보더라도 영남의 평양 같은 느낌이 있다.

어차피 말이 났으니 어디 한마디 더 적어 보자. 누구나 아마 최근에 대구에 내리면 바로 그 역전 광장 한복판에 미인을 실은 자동차 한 대가 보기 좋게 놓여 있는 것을 볼 것이다. 이것은 무엇을 뜻함인지? 아마 그 자동차 옆에 '시내자동차'라고 써 붙인 것을 보고 그 차 내에 분장한 시대 미인을 앉혀 놓은 것을 보면 짐작건대 그 여자는 자동차 운전수 겸 화류 남자의 호기심을 끄는 속칭 중거仲居(손님을 접대하는 여성) 비슷한 여자로서 은근히 대구에 내리는 뭇 손님들에게 더러운 추파를 던지는 것같이 보인다. 나는 그 자동차 주인이 누구며 또한 그 같은 특별한 계책을 어떤 양반이 했는지 모르나 이 같은 미인계를 써서 외부에서 온 손님의 주머니 속을 털고 또한 그들로 하여금 대구에 내릴 때 처음으로 불쾌감을 주는 것은 대구의 체면을 생각해서라도 좀 되돌아보았으면 한다.
개벽 제64호(1925. 12. 1.) 〈영남지방 순회편감〉 임원근

황에스더*의 대구 감옥생활

1919년 애국부인회사건으로 9명의 동지와 같이 미결수 기간까지 합하여 3년 동안 대구 감옥에서 살았습니다. 세월은 흘러 10여년이나 지났으니 그간 다소 변화가 없지도 않을 것이다마는 인간의 별천지 감옥에 무슨 큰 변화가 있겠습니까. 그때에 정든 세상 인연을 뚝 끊고 끌려간 조그만 세상은 검은 널빤지로 둘러싸여 있었습니다. 그까짓 널빤지 하나 냉큼 뛰어 넘으면 다시 자유로운 세상에 돌아올 것을 그러나 판결 이후 나의 이름은 '0141호'로 뻘건 옷깃에 이름을 달고 일 잘한다고 상표까지 단 충실한 감옥나라 사람이었습니다.

집은 벽돌집, 남자 감옥이 사랑채라면 여자 감옥은 안채, 그러나 이 두 집 사이에는 누구나 범접하지 못할 담장이 가로막혀 있습니다. 그 담장의 꽉 닫힌 문을 벙싯 열고 드나드는 사람은 오직 밥 나르는 무기수가 있을

---

* 황에스더 1892~1971
일명 황애덕黃愛德, 황애시덕黃愛施德이라고도 불린다. 이화학당을 졸업하고 비밀결사인 송죽회松竹會를 조직해 항일운동을 하였다. 일본 동경에서 2·8독립선언에 참여했다. 김마리아와 더불어 애국부인회에 활동하던 중 주동자 상당수가 대구경찰서에 체포되어 대구법원에서 재판받고 대구형무소에 투옥되었다. 이들은 감옥생활하면서 조선인 동료 죄수들을 계몽하는 데도 힘을 쏟았다.

따름입니다. 이 사람들이 밥을 날라다 여감 문 앞에 놓아 주면 빨간 옷 입은 여자들이 들어옵니다. 여자 감옥의 감방은 일곱인데 동서로 늘어진 낭하(廊下)가 닿은 사편(四便) 끝에 미결수 방, 그 오른편에 절도범 방이 있고, 낭하를 따라 동쪽으로 꺾이면서 방화범 방, 살인범 방, 강간범 방 등 다섯 방이 나란히 해 있습니다. 내가 처음 들어간 방은 절도범 방인데 3칸도 더 되지 않는 네모난 방에 제일 많이 있을 때에는 24명, 보통 20명이 있었습니다.

빗장을 열고 벙싯 감방 문을 열었다가 덜컹하고 다시 문이 닫혔다고 상상하지요. 그 덜컹하는 소리가 어떻게나 음산하고 처량하고 무서웠는지 모르겠습니다. 그 닫힌 문을 바라보면 밥 구멍이 있고 그 조금 위에 간수들이 10분에 한 번씩 감시하는 감시 구멍이 있습니다. 밖에서 쇳조각을 달싹 들고 철사를 통하여 겨우 두 눈을 반짝이고 보는 일본 여 간수가 있습니다. 문과 마주한 담벽에는 높다랗게 유리로 막은 두 구멍이 있을 뿐. 공기 구멍도 아무것도 없습니다. 꼭꼭 백이는 나무 판장에 20명이나 되는 빨간 옷 입은 사람들이 머리와 다리를 반대 방면으로 엇갈리게 두고 누웠을 때에 널판 담벽 틈 사이에는 빈대가 일제히 공격을 시작하려는 듯이 횡대로 정렬하고 있는데 말도 마십시오. 이가 어떻게나 많은지. 그리고 옴! 한편 구석에는 똥통, 이것을 매일 한번씩 여자 감옥 문밖에 메어다 두면 남자 감옥에서 우리가 알지 못하는 사이 내다버려 줍니다. 우리의 전 재산은 이것이고 이밖에 하루에 한두 장 주는 비누가 있습니다. 이 비누야말로 감방 안의 지폐보다 더 귀한 물건입니다.

우리 일은 무려 13시간! 그런데 밥은 콩쉬수밥에 소금, 그때 우리 몇 사람은 매일 한 끼씩 차입이라는 특별한 대접을 받아서 요행히 한 끼 식사도 부족함을 느끼지 않았습니다마는 나는 콩밥에 소금국을 먹다가 이빨을 다쳐 지금까지 성하지 못한 채로 있습니다. 그 밥이야말로 더러운 물건의 쓰레기통 세상의 부정한 물건은 다 들어 있으니 그것을 먹고도 살아가는 사람이 용하지요. 나는 그때부터 위생이란 소용없는 것으로 알았습니다.

내가 또 한 가지 감옥에서 남겨가지고 온 것은 다리 아픈 증세인데 하루에 13시간이나 일본 사람같이 꼭 쪼그려 앉아 일을 하니 죽어 백이지오. 우리가 일하는 널빤지로 만든 집에는 그냥 흙에다가 가마니 뜯은 거적때기를 펴놓은 것이 방바닥인데 그 습한 것은 둘째로 하더라도 깔고 앉는 방석이라는 것이 볏짚으로 엮었는데 꼭꼭 배겨서 죽을 지경입니다. 그 고통을 잊어버리려고 부리나케 비누질을 하는데 같은 사건으로 감옥에 들어갔던 우리 몇 사람은 다른 사람이 2~3벌 하는 사이에 8벌까지 해보았습니다. 목욕은 1주일에 한 번. 한 목욕탕에 여자 감옥 죄수 전부인 백이삼십 명이 다하고 나니 맨 마지막에는 흙탕물, 세상 싫은 것이 목욕이었습니다. 겨우 3분 동안이지만 도리어 1분도 아니했으면 생각했습니다.

내가 있던 방은 절도방이었는데 제일 고약했습니다. 사람들이 얼마나 더럽고 심성이 나쁜지 서로 엇바꿔 누워있으면서도 창자가 꿰지게 쿡쿡 차고 야단이니 그 광경이 굉장하지요. 싸움과 욕설. 간수의 말도 듣지 않고 하루에 2~3분씩 운동 겸 바람을 쐬는 것, 때리는 것, 밥 조금 주는 것 등 아무리 형벌을 가해도 듣지 않고 사람들이 어떻게나 고약한지 한 번은 내가 미결수로 있을 때 차입들인 옷을 입고 있었는데 내가 잠든 줄 알고 막 코를 비비고 침을 콱콱 받았습니다.

아무리 타일러도 듣지 않기에 한 번은 고약한 것이라고 호령을 했더니 그제야 좀 나아지고 그 후에는 일요일 오후 오전은 일요일임에도 불구하고 일을 하였습니다.

그때에 여 간수는 다 기독교인이었습니다. 마다 글도 가르치고 성경 말씀도 해 주었더니 그 후부터는 선생님, 선생님하면서 따랐습니다. 그리고 제각기 자기 방 선생님 우리 아홉 사람이 좋다고 자랑들을 하였습니다. 우리 몇 사람에게는 특별히 공통 면회가 있어서 서양 부인이 와서 기도도 하고 했습니다. 보통 개인 면회는 면회실에서 담 구멍을 대하여 서로 말하다가 시간이 얼마 되기 전에 간수가 그 구멍문을 닫아버리는 것 같았습니다.

독서는 모두 미결수 때에는 아무 때나 두 책을 보고나면 다른 두 책을 들여보내 주었는데 기결수가 되어서는 일 때문에 책을 볼 여가가 없었습니다. 감방 내 통신은 비누에 무슨 구둔 꼬치로 꼭꼭 자리를 내서 쓰면 청소하러 다니던 무기수가 눈치 빠르게 전해 주는데 간수의 눈을 숨겨가면서 밀서를 전하는 민첩한 수완은 놀랠만합니다.

간수는 전부 일본여자 6명. 그중에 그 혹독한 '호랑이' 눈만 뜨면 보통 죄수들은 부들부들 떨었습니다. '요호' 이것은 감시 구멍으로 들여다 보고는 우리가 추워서 머리와 다리를 서로 반대방향으로 놓고 꼬부라져 누워있으면 큰 새우 작은 새우 잘들 논다 하면서 놀려대고 눈을 반짝이며 다녔습니다.

계절이 바뀌어 바깥 세상에는 겹옷을 입을 때에 홑옷을 그냥 입고 이불 하나 없이 있을 때에는 사실 여간 춥지가 않았습니다. 홑옷을 벗고는 곧 솜옷을 입으니까요. 이때에 추운 것과 더러운 목욕, 또 한 가지 더러운 옷 짓는 것, 옷은 우리가 짓지만 그 더럽고 옴, 임질 가진 각색 병균의 진득진득한 옷 전부를 남자 감옥의 죄수가 빨래해 오면 그 빨래한 것이 안한 것만 못하게 먼지가 펄썩펄썩 나는 그 옷 만지는 것, 이 세 가지는 내가 가장 겪기 어려운 3대 고통이었습니다. 빈대, 이, 타는 사람은 그것이

제일 괴로웠겠지만, 그것은 그렇고 간수 중에는 '할멈' '코홀색이' 또 하나는 잊어 버렸습니다만 간수부장이라는 사람은 콩밥을 콘밥콘밥 하는 까닭에 '콘밥'이라는 별명을 지어주었습니다.

  하루는 백여 명 되는 빨간 옷 퍼런 옷 입은 여 죄수가 쪼그리고 앉아 분주히 바느질 할 때에 형무소장이 들어와서 우리 몇 사람의 이름을 부르고 가석방을 명하였습니다. 그때 모든 죄수들은 간수가 말리는 소리도 듣지 않고 우리가 나가는 것을 아껴서 목 놓아 울었습니다. 여자 감옥이 다 울도록 그들은 우리가 있는 동안 지나간 3년이 사흘 지난 것 같이 재미있었다고 하면서 울 때에 서로 정답게 글도 배워주던 생각을 하고 그들과 같이 더 있었으면 하는 마음까지 뜨거운 눈에 떠올라 왔습니다. 그때 있었던 사람 중에 아직도 남아있는 사람은 없겠지마는 대구 형무소를 한 번 찾아보고 싶습니다.

동광 제27호(1931. 11. 10.) 〈감옥의 향토색〉 박일형

대구 육개장 이야기

'명물치고 맛난 것 없다.' 이런 일본 속담이 있다. 일리 있는 말이니 명물이란 이름에 홀려 늘 새 맛을 추구하는 우리들의 미각이 너무나 기대를 과민하게 가진 까닭도 있고 또는 명물업자들 또한 명물에 의지하여 폭리를 꿈꾸고 우물쭈물 날림으로 주물럭거리기 시작하여 점점 명물이 평범해지는 것도 한 가지 이유이다.

그러나 그런 것은 어쨌든 간에 명물을 명물로 대접하고 이에 대구탕반大邱湯飯을 한번 맛보기로 하자. 대구탕반은 본명이 육개장이다. 대체로 개고기를 한 별미로 보신補身의 재료로 좋아함이 일부 조선사람의 공통점이지만 특히 남도지방 시골에는 '사돈 양반이 오시면 개를 잡는다.' 하고 개장이 여간 큰 대접이 아니다. 이 개장 기호성과 개고기 먹지 못하는 사람들 사정까지 살피고 또 요사이 점점 개가 귀해지는 기미를 엿보아 생겨난 것이 곧 육개장이니 얼른 말하자면 소고기를 개장처럼 만든 것인데 요즘은 크게 발전하여 본토인 대구에서 서울까지 진출하였다.

서 말 지기 가마솥에다 고기를 많이 넣고 곰국 끓이듯 푹 고아서 우러난 물로 국을 끓이는데 고춧가루와 소기름을 흠뻑 많이 넣는다. 국물을 먼저 먹은 굵은 파가 둥실둥실 뜨고 기름이 뚝뚝 뜨는 고음국에다 고은 고기를 손으로 알맞게 찢어 넣은 국수도 아니요 국밥도 아닌 혓바닥이 데일만치 뜨겁고 김이 무럭무럭 떠오르는 시뻘건 장국을 대하고 앉으면 우선 침이 꿀꺽 넘어가고 아무리 엄동설한에 언 얼굴이라도 저절로 풀리고 온 몸이 녹아서 근질근질해진다. 어쨌든 대구 육개장은 조선사람의 특수한 구미를 맞추는 고춧가루와 개장을 본 뜨는데 그 본래의 특색이 있다. 까딱 잘못 먹었다가는 입술이 부풀어서 애인하고 키스도 못하고 애매한 눈물까지 흘리리라. 내가 대구에서 중학시절에 인토레런스란 명화를 구경하고 12시나 되어 손과 발이 얼어 모통기름으로 벌벌 떨고 뛰어오다가 그때 친해 다니던 육개장 집에 들어가서 단숨에 한 그릇 비우고 나서 그만 식곤증에 취하여서 말 지기 솥뚜껑을 열 때마다 무슨 괴물의 입김처럼 확확 내치는 장국 김에 설여서 반만 익은 토마토 빛같이 된 주인마누라 무릎을 베고 그대로 잠들은 일을 생각하면 지금도 그때 먹던 육개장이 새롭고 철없이 어린 그때가 그리워진다.

별건곤 제24호(1929. 12. 1.) 〈대구의 자랑 대구의 대구탕반, 진품 · 명품 · 천하명식 팔도명식물예찬〉 달성인

이상화의 대구행진곡

선화당. 경상도관찰사가 집무하던 곳이다. 경상감영의 가장 핵심적인 공간이다. 감영은 대구에 있으므로 대구감영이라고도 하였다. 오늘날까지 대구를 상징하는 곳 중의 하나이다.

앞으로는 비슬산 뒤로는 팔공산
그 복판을 흘너가는 금호강 물아
쓴 눈물 긴 한숨이 얼마나 쎄기에
밤에는 밤 낮에는 낫 이리도 우나

반남아 문허진 달구성 넷터에나
숨그늘 욱어진 도수원 노리터에
오고 가는 사람이 만키야 하여도
방천뚝 고목처럼 여윈 이 얼마랴

넓다는 대구 감영 아모리 됴래도
웃음도 소망도 빼앗긴 우리로야
님조차 못가진 외로운 몸으로야
앞뒷들 다 헤매도 가슴이 답답타

가을 밤 별가티 어엽분 이 잇거든
착하고 귀여운 술이나 부어다고
숨갑븐 이 한밤은 잠자도 말고서
달지고 해 돗도록 취해나 볼테다.
별건곤 제33호(1930. 10. 1.) 〈대구행진곡〉 상화

신흥하는 대구 상업계

조선 3대 도시의 하나이요 남방의 수부首府인 대구는 산물로 보나 지방 교통으로 보나 굴지屈指의 도시일 뿐만 아니라 해마다 인구도 놀라운 숫자로 늘어가 현재 10만 부민府民을 포용하고 있다. 그리고 넓고 끝없는 평원지대가 있고 앞으로 얼마든지 발전할 여지가 있으므로 대 대구를 건설할 수 있을 것이다.

그러나 이와 같은 천혜의 무대를 가진 대구의 상업계는 과연 어떠하였나? 어디나 물론하고 소위 대도시란 명목을 가진 곳이 모두 그러했지만 대구의 상업계란 보다 더 일본인들의 수중에 들어가 있었다. 따라서 많고 적고 간에 물건을 사려면 으레 저네들의 상점으로 먼저 찾아가게 되었다. 다른 도시보다 더 한심하게 저네들 수중으로 상권이 들어간 대체적인 원인인 즉 남선南鮮에는 예로부터 문예만을 숭배하여 상공업을 천대시 해왔고 드디어 등한시하고 말았기 때문이다. 그리고 상업자의 과실도 적지 않았으니 대체로 불친절하고 값비싸고 에누리 많이 하는 습관을 오로지 상업술책으로 오해하였기 때문이다.

어느 부분까지는 경상도 사람의 성격이 대략 점잔하고 퉁명스러워 보이는 것에 그 원인이 있으나 대개는 상업자 수가 적었으며 그야말로 배부른 흥정을 하다시피 고객을 대우했음이 대구 조선인 상업계의 일대 실패 요인이었다. 그리고 천만장자 대규모 자산가를 가장 많이 가진 부향富鄕 대구이면서도 상업가는 하등 자본가의 후원을 받지 못하고 오직 외로이 빈약한 가운데 숨이 끊어질듯 위태하게 나아가다 필경 쇠잔해졌을 뿐이다.

대구상업회의소 전경과 일본인 소장 오쿠라 다케노스케

그러는 동안 저네들이 나날이 발전하고 때때로 확장하는 것은 장황하게 설명할 필요도 없을 것이다. 그러나 이런 것도 거의 반 남의 옛 이야기가 되고 요즘 몇 해 동안 우리네 상업계에 참으로 반가운 현상이 나타났으니 어떠한 것이냐? 폐허의 궁터에 새로운 궁전을 세우려고 터전을 닦고 기둥을 세우려 한다. 그는 소장 상업가들이 많은 자각 하에 온갖 어려움을 무릅쓰고 전력을 다해 탈투^{奪鬪}해 나온 결과 이제는 신흥의 기분이 농후해 갈 뿐만 아니라 모모^{某某} 유수한 상점들의 경우 서적문구계로는 무영당서점, 성조사서점, 상문당 등이고 양품잡화계로는 동아부인상회지점, 무영당양품부, 대구양말소, 부운당본점, 서부잡화점, 안창양말소 등이고 주단포목계로는 지이홍상점, 김창록상점, 김성재상점, 태창상점 등이다. 기타 상신사, 달서양화점, 동양염직소, 대구피혁상회 등이다. 불경기니 긴축이니 가뭄이니 하는 경제공황시기 가운데서 조금도 그 영향을 받지 않고 욱일승천旭日昇天의 형세로 발전해 나가는 모습이다.

더욱이 특기할 만한 것은 대구의 가장 중심지대인 본정 1·2정목통서문로에는 저네들의 유수한 상점 터를 우리네 상업가가 매수하여 신축 혹은 개축한 곳도 적지 않다. 그리고 서울의 진고개와 같은 역 앞 원정통북성로의 저네들 상점가에는 수년 이래의 불경기로 폐점한 곳도 많고 현재 문은 열었으나 내용이 쇠잔해서 피곤한 상태인 곳도 적지 않은 모양이다.

그러나 그와 반대로 우리네 상점가에는 오히려 행복하게 활황세로 나아가고 있다. 우리네 상업계에도 내용이 충실치 못하고 경영방침이 불민不敏한 미미한 점포들이야 폐점한 곳도 왕왕 있지만 그리고 전에는 한집안 싸움 모양으로 서로 경쟁만 하던 것을 이제는 단결이 되어 한 덩어리가 되고 서로 화목하게 지내며 현대의 상업지식을 서로 계양戒養하며 이제는 오히려 저네들을 대항하여 경쟁하기 시작하였다.

그리하여 안하무인의 기세로 뽐내며 나아가던 그들이 이제 와서는 오히려 공포를 느낀다고 한다. 그리고 대개가 소장 상업가들인 만큼 장래가 만리 같아 희망이 요원하다 하여 그들의 구수심초鳩首心焦가 참으로 적지 않은 모양이다. 그리고 상업회의소란 오직 저네들 전유물같이 되어 온 것이 금년에 이르러 배영덕 씨 외 소장 평의원들이 출마하게 되자 전례에 없던 부서기장까지도 이응복 씨가 그 의자를 점령하게 되었으며 따라서 우리네 상업계를 위해 많은 진력을 하는 중이며 우리네 상업계 또한 이제야 상업회의소를 이용하려고 한다.

그리고 대구 시단詩壇의 명성으로 이름을 날린 백기만 씨가 시단을 떠나 실업계로 발을 들여놓은 지 수년 만에 대구상업계의 열렬한 성원 하에 『대구상공월보』^{사무소 조양회관}를 발행하게 되어 이제 편집 중이므로 머지않아 세상에 나타날 예정이니 대구상업계의 한 이채로움이요 또한 나침반이다. 이것이 신흥 상업계를 위하여 얼마나 경하할 바이냐.
별건곤 제33호(1930. 10. 1.) 〈신흥하는 대구상업계〉 K · M · L

지리상으로 본 대구

합병 이전의 대구는 경성의 고양군 같은 달성군 대부분을 합한 36개 면을 통할하는 지역이었으나 부제^{府制} 실시 이후 대구부는 동서 33정 남북 1리 6정 약 1방리 미만^{零方里 600}의 면적이지만 동으로 오족^{烏足} 동학^{童鶴}의 제령^{諸嶺}, 서로 와룡산 일대, 남으로 비슬의 연산^{連山}, 북으로 팔공의 제봉이 멀리 둘러 남북이 4~50리 동서로 7~80리 펼쳐진 평원 광야의 한복판에 웅거한 지형이 그 발전의 여지로 보아 조선 최고의 땅이라고도 할 만하며 북으로 경성 203리^{膳 670리} 남으로 부산 77리^{膳 280里}의 경부선은 이미 개통된 지 27년 된 지금 연간 2백만의 승객과 약 30여만 톤의 화물을 취급하며, 동으로 경주 포항에 이르는 경동선^{慶東線}은 개통된 지 불과 10년이지만 화물의 취급이 경부선^{京釜線}에 밑지지 않게 성황이며 서남으로 현풍, 창녕을 지나 진주를 거쳐 진해에 이르는 구진선^{邱鎭線}, 다시 고령, 합천을 거쳐 전주에 통하는 전구선^{全邱線} 등은 이미 정해진 선로이며 울산에 있던 항공착륙장도 대구로 옮기게 되었으니 가히 사통팔달의 요충지인 것은 조금도 과장이 아니라고 하겠다. 따라서 물산의 집산이 세관을 통한 무역고만 3천 2백여만원, 곡물연매시장의 년 약 1억 7천만원의 거래액을 제하고도 동서시장 영시(令市) 등의 거래액만도 년 약 1천 2백여만원으로 번영을 보여준다.

그러나 대구의 일대 결함은 지리적으로 수운이 부족한 것이다. 비슬산록에서 내리는 신천 일대는 상수도 수원지와 수성수리조합 이용 등으로 거의 건천(乾川)이 되었고 서북 약 10리에 회류하는 금호강은 수원(水源)이 원래 부족하여 인근 땅의 관개에만 겨우 이용될 뿐이요. 장류(長流)의 낙동강은 남서30리나 떨어져 이용할 길이 멀며 몇 해 전에 대구부에서 약 400만원의 예산으로 낙동강을 끌어들여 일대 운하를 만들고 거기서 수력발전을 일으켜 일거양득의 큰 계획을 세웠다더니 그 후 소식이 아득할 뿐이다.

만일 대구 같은 지형에 일대 장류수(長流水)만 주었던들 대도시의 면목을 구비할 뿐만 아니라 공업적으로 각종 기업의 중심지가 될 가능성도 충분할 것을 하늘이 허락지 않았으니, 하는 수 없으나 다만 굽이쳐 흐르는 맑은 시내라도 달성 근처로 회류케 하였던들 무미건조한 대구 풍경에 얼마나 조화가 될 것인지 생각되나 이것도 사람의 힘으로는 하기 어려운 일이라 아직까지는 다만 공상에 그칠 뿐이다.

이 천연자연의 일대 결함과 함께 혹은 그 이상의 일대 결함이 대구에 또 하나 있으니 그것은 대구 인심이 너무 무디고 쌀쌀함이다. 까닭 없이 열만 너무 과해도 일종의 증세이지만 그래도 때에 따라서는 세상과 함께 웃기도 하고 울기도 하는 인정미라도 있어야 할 것이건만 온 세상에 불이 붙어 뒤끓더라도 내 집에 불붙기 전에는 문 닫아걸고 정원에 분수를 틀고 선풍기 아래에서 빙수만 마실 작정인 초특급의 여세무관주의(與世無關主義)의

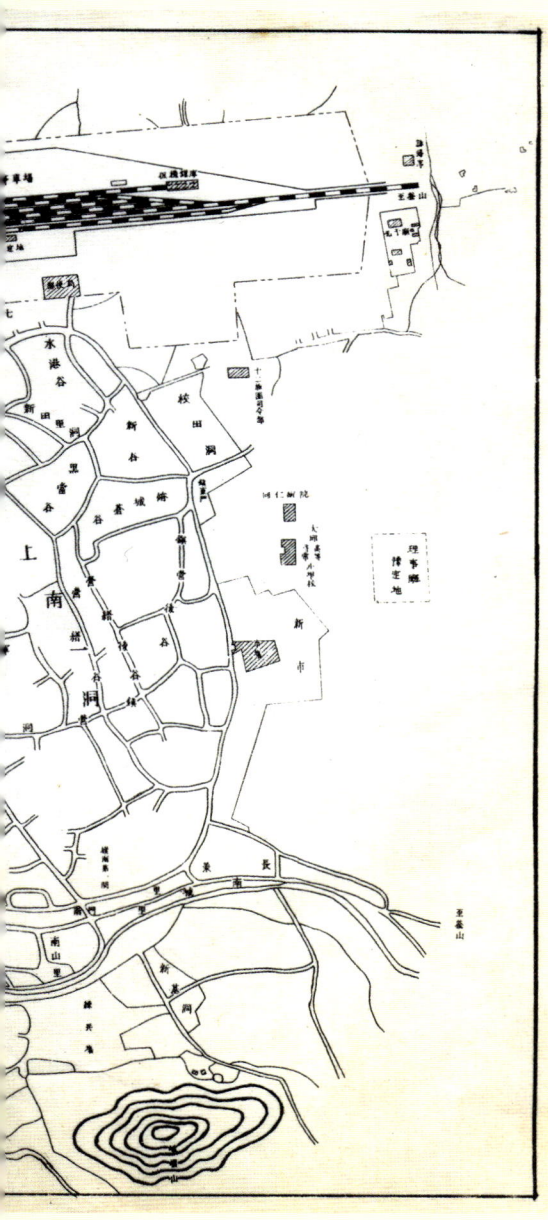

대구부철도선로도. 1907년 대구읍성이 철거되기 이전의 모습을 보여준다.

서문시장. 대구사람들은 대구 큰 장이라고도 하였다.

소굴인 감이 없지 않다.
　　　　인구로나 부력富力으로나 조선 도시 중에서 평양이나 개성 아래가 아닌 실력을 가졌건만 교육이나 산업이나 어떤 사회사업이나 조선인 중심의 사업이라고는 새벽녘의 별 수 정도로 미미하고 부진하여 거의 비교하기 어려운 상태인 것은 여러 가지 조건을 다 들 것 없이 사회에 대한 공존 공영의 관념이 너무 희박한 때문이라 아니할 수 없다. 대체 이 무슨 까닭인가. 천연자연의 결함이 인심에 조화를 주지 못한 결과인가 또 다른 원인이 있는가.
별건곤 제33호(1930. 10. 1.) 〈대구는 어디로 가나?〉 앙소생卬嘛生

역사상으로 본 대구

대구읍지에 의하면 멀리 신라시대에는 달구화현^{달구불} 혹은 달불성^{달벌}이라 하기도 하였으며 경덕왕 때에 '대구'라 개칭하여 수창군의 영현領縣을 만들었고 고려 현종 때에 경산부^{京山府}에 이속移屬시켰다가 인종 때에 현령을 두었으며 조선 세종 때에 이르러 군으로 승격하고 경상도 감사의 유영留營을 설치하여 영장 이하 군속軍屬 955인을 두었으며 세조 때에 도호부로 올려 부사를 두었다가 후에 부사의 직명을 감사가 겸하게 되자 따로 판관을 두어 서정을 다스리게 하였으며 개국 504년 고종 을미년에 갑오경장에 따라 일통統으로 군수를 두었고 대구에 있던 감영이 통치하던 좌우도 72주를 4도에 나누어 대구, 안동, 진주, 동래 4곳에 관찰사를 두고 통치케 하다가 다시 남북도로 고쳐 대구, 진주 두 곳에 각각 관찰사를 두었으니 경상북도 41군, 경상남도 31군을 관할하여 지배구역이 반이나 준 셈이나 융희 4년 ^{1910년} 8월 합병 후 동년 10월부터 현 부제府制가 시행된 이래 오늘까지 남방의 수부首府 지위는 여전히 잃지 아니하였다.

    조선 말기에 이르러 다소 변천이 있었지만 좌우간 조선 5백년간 늘 계속하여 영남 72주를 다스리던 집권 중심지이다. 따라서 대구의 주민은 또한 각 계급이 있었지만 그 대다수는 권력에 의탁하여 권세 구역인 72주를 착취와 강탈로 생활하는 사람이 대부분이었다. 경성의 지배계급이 전국을 무대로 갖은 방법으로 권력을 농단하고 착취하던 것에 비추어 구역의 크고 작음이 있을 뿐이지 과거 흑암시대에 생사여탈을 임의로 하는 완연히 일개 왕국의 규모 제도 방법 경로와 조금도 다름이 없었던 것이다. 일종의 봉건 지배계급에 속한 생활을 계속해 온 것은 경성과 유사하였으나 경성의 지배계급과 몇 가지 다른 점이 있었으니 첫째 경성사람들은 비록 사대주의적 비굴한 외교의례나마 정치적 훈련과 험난한 관직사회로 자기보호의 계산이라도 있어 사회적 교양이 없지 아니하며, 손님을 맞이하고 대하는 도道와 백성을 사랑하고 자기 몸을 낮추는 풍습이 조금이나마 있었지만 대구사람들은 정치에 직접적 책임이 없고 개인의 영달기회가 적었으므로 이 방면의 소양은 전연 '영'이라 할 수 있겠고 다만 생활본위로 먹을 것을 하늘로 삼던 풍습이 없지 아니하였다.

둘째 경성사람들은 부귀영화의 등용문을 독점하여 온 반면에 당쟁과 사화士禍의 알력 상잔으로 아침저녁으로 자신의 운명을 예측하기 어려운 두려움을 밤낮으로 겪어 왔지만 대구사람들은 생활의 기반만은 거의 안전지대였으나 사회적 지위는 늘 중하층에 속한 결과, 자기권세 지역 외에는 자존심을 만족시키지 못하는 걱정이 있으므로 매우 급박한 일이 아니면 조령 이북, 될 수 있는 대로 대구 이외에는 나가지 않기로 '불출부접不出不接' 주의를 실행해 온 것이다.

이러한 내력에 더하여 대구에 독특한 몇 가지 특수현상이 있으니 첫째 '목후이관沐猴而冠(의관은 그럴듯하지만 생각과 행동이 사람답지 못함)' 적인 오만이 비할 곳 없이 방자한 것이니 이것은 앞서 말한 불출부접不出不接식으로 문 닫고 지내온 결과이니 식색食色이란 아무리 인간의 제일 본능이라 할지라도 인간의 욕구란 결코 이에 만족하는 것이 아니요 예술과 종교 같은 분야는 제쳐두고라도 영예, 지위, 권력 이런 방면의 욕구도 상당히 강한 것이 인간일진대 다른 영달의 기회는 적고 생활의 기반만 비교적 안전한 사람들이 그 간절한 욕구를 충족시킬 곳은 없고 다만 나가면 가장 선망의 표본인 '감사監司'를 보고 들어오면 임의로 위세를 부릴 수 있는 자기 집 하인 내지 소작인 등속 等屬을 대할 뿐이라. 이에 본 바 일지일동一止一動을 꼭 그대로 자기 집에서 연습해본 '감사 놀음'에 지나지 아니한 것이다.

겨우 그것으로 그 울적한 기분을 발산한 것을 보면 쓴 웃음의 정도를 지나 차라리 민망한 마음을 금치 못하겠으니 한 가지 크게 실패한 것은 그 소위 감사란 것이 모처럼 무호동중無虎洞中(높은 사람이 없는 곳에서 보잘것없는 사람이 잘난 체 함)에 와서 오만호치傲慢豪侈(건방지고 거만한 행동과 화려한 사치)를 궁심소욕窮心所欲(하고자 하는 바를 위해 여기저기 힘을 다해 마음을 씀)으로 하고 가는 몹쓸 인간들을 표본으로 한 것이다. 그러나

절도사이하개하마비. 절도사 이하의 사람은 여기서부터 모두 말에서 내려 들어오라는 의미의 표석이다. 절도사는 병마절도사를 지칭하며 경상도 병마절도사는 경상도 관찰사가 겸임하였다. 조선 후기로 갈수록 경상도 관찰사는 기호지방에 뿌리를 둔 서인西人이 독점하였다.

그들은 열중하여 모방을 힘쓴 결과 옛날 조선의 당파로 보면 남인이 대다수인 영남에서도 대구만은 심지어 관혼상제의 모든 갖가지를 노론계의 풍속대로 해 옴을 보아도 짐작할 일이다.

둘째 노인층의 세력이 다른 곳 보다 훨씬 강한 것이니 향당막여치^{鄕黨莫如齒}(노인층이 살고 있는 고을에서는 벼슬의 높낮이나 가문의 지체를 따지지 않고 나이를 우선한다는 풍속)는 있는 말이지만 사회변화와 관직등용의 길이 적은 침체되고 고정된 지방일수록 치덕^{齒德}(나이가 많고 덕이 있음)밖에 주장할 것이 없음도 자연의 형세이요 젊은 자제 중에서 아직 현저하게 사업 성공이 없는 것도 중요한 원인일 것이다.

셋째 애금열^{愛金熱}이 지극한 것이니 생활의 안전함을 생명으로 알던 사람들이 그 만금불패^{萬金不敗}로 알던 기반을 잃게 되자 급히 방향을 전환하는 것도 당연한 순서요 세태환경이 점점 '유태인'화하지 않을 수 없는 중에 한 쪽에서는 '양반사람' '공직영예' 등 이당^{飴糖}(엿과 사탕)을 바치니 그 배금성^{拜金誠}이 점점 왕성해지지 않을 수 없을 것이다.

별건곤 제33호(1930. 10. 1.) 〈대구는 어디로 가나?〉 앙소생^{卬嘯生}

숫자상으로 본 대구

과거의 대구는 대강 그러하다면 현재의 대구는 어떠한가. 자세한 숫자를 일일이 들기는 어려우나 대체적인 것만 약술하여 결론을 내리지 않고 그대로 독자의 판단에 맡기고자 한다.

대구부 호구·직업 통계. 1915년 12월 조사된
대구부의 주민, 출생사망, 직업의 통계표

1911년 대구 일본거류민단의 주역

「통계숫자는 소화 4년도 대구부 조사에 의함」

호수(인구) : 계 21,339(91,860)

조선인 14,627(63,954), 일본인 6,529(27,288), 외국인 183(618) 현재 약 92,000의 인구이나 합병 당시 조선인 약 25,000 일본인 약 4,000여의 인구에 비하면 조선인은 2배 증가 되었고 일본인은 약 7배가량 증가한 셈이다.

그러면 출생 사망률은 어떠한가.

출생(사망) : 계 1,970(1,251)

조선인 1,617(972), 일본인 351(277), 외국인 2(2)

각기 인구에 비하여 조선인은 2.5%의 출생 1.5%의 사망, 일본인은 1.3%의 출생 1%의 사망인데 조선인의 사망률이 더 많은 것은 위생 등의 관계도 있겠지만 출생률이 약 배나 많은 것은 축복할 일인지 우려할 현상인지는 판단하기 어렵다.

직업으로는

조선인(일본인) : 계 61,457(26,524)

농업,목축,양잠등 11,742(1,460), 어염업 24(15), 공업 9,790(6,232)

상업 24,631(8,812), 공무급자유업등 7,901(9,458), 기타 3,131(320)

무직 4,238(236)

직업의 유별은 대개 이렇다 할지라도 농업 중 지주급에 속한 기부분幾部分이 다소 생활의 안정이 있을 뿐이요. 공업이란 저렴한 임금의 일용노동자가 대다수임은 물론이요 상업이란 대개 빈약한 소매상이요 수만원 자금을 가진 상인은 다섯 손가락으로 셀만한 정도며 10만원 이상 자금의 상인이란 한약상에 김모 1인에 불과한 것이 정확한 듯하며 공무 자유업에 속한 사람이 좀 생활이 나은 모양이나 그 또한 일본인에 비하면 박봉자가 대다수이요 자유업이라야 숫자를 헤아릴 정도가 못되고 그중에도 일본인의 경우 순純 무직자 수가 전체 일본인의 1% 미만인 것은 오히려 여러 방면으로 구제할 기회와 기관도 많지만, 조선인 중 7%가 무직자란 방법 없는 무직자임이 분명할 뿐이며 기타의 내용도 각기 사정이 다를 것이다.

그런데 공업은
공장수 192 자본액 467,731,621원 경영자수 6,160 생산액 22,345,731
이 중에도 조선인이 경영하는 공장이란 연간 생산액 약 20만원의 동양염직소 하나밖에 없는 셈이요.
회사의 경우 회사수 86 자본금 17,252천엔 불입액 7,355
그중에 조선인 경영으로는 10만원의 조양무진회사 외 정미소 등 수 개 미곡상에 불과하고
무역은 수출 19,903,381 수입 13,022,700 계 32,927,081
철도반출 89,984톤 철도반입 204,175 계 294,159 으로
약 3,200여만원의 무역고 년 30만 톤의 무역 취급이 누구 손을 거쳐 그 이윤이 누구 품으로 들어갈 것은 짐작할만한 일이다. 그러면 재력의 차이는 어떠한가. 다른 것으로는 표준통계를 얻기 어렵고 우선 납세액에 나타나는 것만 보자.
국세는 조선인 82,446,320 22,013엔 일본인 190,258,130 88,739
지방세는 조선인 36,497,300 3,646 일본인 59,894,830 13,459

부세는 조선인 62,768,780 10,760 일본인 145,612,390 34,274

인구가 약 반도 못되는 일본인이 제세(諸稅)를 통하여 약 3배 반의 세금을 부담하는 것은 개인으로 비하면 곧 8배가량 재력의 차이를 설명하는 것이다. 그러면 8배 이상의 재력과 우수한 기술 능률과 현대식의 생산기관과 절대의 보조후원과 강렬한 민족의식을 가진 인구가 약 3배의 증가율로 침식하여 오는 현실 아래 빈궁과 질병에 싸인 대중이 각박하고 몰인정한 세상과 상관없이 나 혼자 즐기는 소수 부자의 틈에서 그날그날 아무 정신도 아무 이상도 차릴 여유 없이 만성질환자의 걸음걸이로 방향 없이 걸어가는 대* 대구는 장차 어디로 가나? 나는 말할 수 없다.

별건곤 제33호(1930. 10. 1.) 〈대구는 어디로 가나?〉 앙소생(仰笑生)

대구인과 대구, 그리고 미인기생

이웃사랑을 실천한 서상윤

대구에서 서상윤 씨는 잘 몰라도 삼각용三角笭이라면 별로 모를 사람이 없을 것이다. 그는 본래 인천사람으로 상당한 재산도 있고 또 상당하게 놀기도 하던 이였다. 지금으로부터 약 십여 년 전에 무슨 충동이 있었는지 자기 처자^{그의 아들 서병일 군은 서울에서 미상米商을 하다가 지금은 해주에 가서 자동차 상회를 경영한다}를 다 버리고 대구에 내려와서 혼자 여관생활을 하며 자기 돈으로 차를 구입하여 의복, 약품 등을 사서 싣고 돌아다니며 빈민과 고아를 무료로 돌보아 주고 또 염색 옷을 장려하여 몇 해 전부터 선전삐라 포스터 같은 것을 만들어 여러 사람에게 선전하며 자기 집에는 '백의망국白衣亡國'이니 흰색은 경제의 큰 적이니 하는 표어를 써 붙이고 다녔다. 또 자기 손으로 과자를 제조하여 조선과자라 이름하고 봉지도 조선종이만 사용하여 각 상점과 여염집에다 팔아 가지고는 그 돈으로 고아, 빈민을 구제하였으며 어떤 때에는 도끼, 괭이 같은 농기구를 팔기도 한다.

　　그는 머리를 사회주의자 또는 무슨 예술가처럼 길게 기르고 겉옷은 항상 남루한 양복만 입되, 내의는 극히 깨끗한 것을 입고 등에는 구제상救濟箱이라 쓴 삼각용을 짊어지고 다니는 까닭에 그를 삼각용이라고 칭한다.

그 '용'은 이름과 같이 구제금을 저축하는 통인데 무슨 물건을 팔거나 누구에게 구제금을 얻으면 결코 자기 주머니에 넣지 않고 그것을 모아 은행에 가서 지배인의 도장을 찍어서 상자에 다시 넣었다가 필요한 경우에 빈민과 고아를 구제해 준다.

그는 비가 오나 바람이 오나 십여 년간 하루도 쉬지 않고 꼭 그 일만 하는데 현재 대구 아니 조선 전체에 견줄 자가 없는 특별한 사람이다. 나도 평소에 그와 안면이 있는 까닭에 이번에 한 번 찾아보려 하였으나 그의 주소가 달성군 북면 산격동에 있어서 장마에 물이 불어나 교통이 두절된 까닭에 방문하지 못했다. 이것은 큰 유감이다. 다음 기회에 그의 이야기를 자세히 그려서 한 번 소개하려 한다.

별건곤 제22호(1929. 8. 1.) 〈남대南隊〉 차상찬

불우이웃돕기. 자선남비 앞에 사람들이 줄을 선 모습이다.

무영당백화점 주인 이근무*의 일기

9월 6일

한가한 나머지 마음 놓고 잤더니 8시가 지나서야 기침하였다. 세면 후 신문을 좀 들춰보고 로즈가든을 한바퀴 돌아 삼월(三越)식당에 올라 아침을 먹은 뒤 백화점 견학을 나섰다. 미츠코시, 히라다, 조지야백화점을 거쳐 내가 가장 친애하는 화신백화점으로 갔다.

이는 최초 개점 때부터 오늘에 이르기까지 언제나 올 적마다 아니 들린 때가 없었고 다른 곳보다 더 유의해서 보는 내 집 같이 여기는 우리의 자랑거리 백화점이다. 따라서 내 항상 배워가는 것도 많고 부족한 점도 느끼는 대로 적어둔다.

후일. 내 참고를 위하여 이번에 느낀 점은 지난번 왔을 때보다 4층 식당이 넓고 화려하고 웅대하게 된 것도 반가웠고 날이 갈수록 상품이 충실해 가고 진열 정돈이 잘 되어 감도 여간 반갑지 않았다. 그러나 언제나 느끼는데 점원 훈련이 아무래도 좀 부족한 것 같다. 우선 표면에 나타나는 걸로 보아 표정, 언사, 태도들이 좀 더 친절했으면 하는 생각이 간절하였다. 전부 그럴 리야 없겠지만 대부분이 여 점원들도 그렇지만 남자 점원이 더한 것 같다.

---

* 이근무
일제강점기 대구에는 미나카이, 이비시야와 같은 일본인이 경영하던 백화점이 주류를 이루었는데 무영당 주인 이근무는 개성사람이지만 조선인으로서 유일하게 대구에서 백화점을 운영하였다. 그는 친화력이 좋아 많은 지식인과 사업가들이 대구에 오면 들렸다고 한다. 무영당은 처음에는 서점으로 시작하였으나 양품부, 잡화부 등으로 점차 사업을 확장하고 건물도 1937년 신축하여 크게 지었다. 이 건물은 오늘날까지 서문로에 남아있다.

화신백화점. 조선인이 경영하는 백화점 중 으뜸이었다.

경성시가. 식민지 시절 조선 최고의 도시 경성부 시가의 모습이다. 저 멀리 조선총독부 건물이 보인다.

아무리 시설이 훌륭하고 아무리 풍부한 상품을 가졌고 아무리 염가로 팔더라도 점원들의 손님에 대한 태도가 친절치 못하면 두 번 가기를 주저할 것이다. 그리고 여 점원 인물을 좀 더 선택할 필요가 있고 제복^{고상하고 우아한 색으로}도 입히는 게 좋을 것 같다. 만약 여 점원 채용에 대우 관계 때문이라면 좀 더 예산을 계상해 가지고서라도 반드시 우아한 사람들을 채용함이 매상 능률에 있어 확실한 효과가 있을 것 같다. 그리고 언제 와 보더라도 행사가 별로 없다.

전연 없을 리가 없겠지만 비교적 그 방면에 너무나 등한한 것 같다. 그다지 큰 경비를 아니 들여도 무슨 전람회나 혹은 음악회 같은 것을 기회를 보아서 개최하는 게 좋을 것 같다. 동경의 삼월三越이나 송옥松屋이나 송판옥松坂屋이며 오사카의 대환大丸이나 판급阪急이나 고도옥高島屋이 각기 장점을 발휘하며 고객을 끌고 인기를 집중시키려 함과 같이 화신도 삼월이나 정자옥이나 삼중정三中井보다 다른 장점으로써 늘 연구해 나갔으면 하는 마음 간절하다.

내 자신이 경영해 나가는 조그만 사업을 들추어 말함이 너무나 주제넘고 내 양심에 부끄러우나 워낙 화신에 대한 애착이 두텁고 잘 번영해 나가기를 참마음으로 기대하기 때문에 또는 후일 내 자신의 경영상 필요한 참고가 되지 않을까 하여 적어두는 바이다. 두서너 아는 친구를 만나 구경하고 화가, 문인 등 지식계급이 경영한다는 새로 생긴 찻집을 구경한 후 명곡 레코드 서너장 사 가지고 호텔로 돌아왔다.

9월 7일

오늘은 일체 외출하지 않고 정숙한 호텔에서 독서나 하며 정원이나 걸으면서 번잡한 뇌, 피로한 심신을 고요히 쉬게 하려 한다. 내 항상 애독하는 세계적으로 유명한 백화점 대왕이라고 부르는 존 워너메이커의 전기와 백화점 경영론을 읽다 읽으며 느낀 바 잘못된 것, 우리 상업자들이 반드시 본받아야 될 몇 가지를 적어보기로 한다.

다른 상인들은 될 수 있는 대로 고객을 속여 비싼 값으로 많은 이익 남기기를 위주로 할 때 워너메이커는 상업은 속임수가 아니다. 고객과 상인 간에 서로의 이익을 위하여 공명정대해야 된다는 주의를 가져왔다고 한다. 현금으로 싸게 사서 현금으로 싸게 팔며, 상품을 팔기 전에 먼저 인격과 친절을 팔라. 자유롭게 가게 안과 상품을 구경케 하고 사지 않는 손님에게도 극히 친절히 하라. 손님이 사간 물품이 마음에 들지 않아 도로 가져올 때는 오손汚損되지 않은 경우면 친절한 태도로 바꾸어 드리거나 환불이라도 하라.

처음부터 남기려 하지 말고 먼저 상점 자체를 널리 세상에 알리라. 그 다음 박리다매로써 오랫동안 남기려 하라. 부조父祖의 영업을 넘겨받는 것을 부러워 하지 말고 내 자신이 상업상 황야를 개척해 나감으로써 존귀한 시련을 얻고 크게 성공할 수 있는 자랑을 스스로 가지고 나가라. 상업은 사회에 봉사함이 참뜻인 줄 알라. 상인은 고객의 구매계購買係에 불과하다. 그러므로 상인은 언제나 사회에 봉사하는 방법을 연구해 나가야 된다. 점원을 될 수 있는 대로 우대하고 사랑하라. 그리해야 항상 성실과 노력으로 일하게 되고 상점을 발전시키고 능률을 올릴 수 있을 것이다.

정직한 경영은 재능보다 나은 자본이 된다. 300여 항이나 되는 책자를 쉬엄쉬엄 다 읽고 바에 가서 차를 마시며 전기축음기에서 흘러나오는 아름다운 멜로디에 도취되었다. 오후 9시경 떠나는 열차로 나의 일터 그리운 대구로 향해 떠나온다.

8월 18일 일요일, 맑음

요란스러운 자명종 소리에 놀라 깨니 오전 6시. 아래 위층의 점원들도 깨워준다. 세면을 마치고 곧 '상업영어'를 시작하다 오전 7시경 가게 문을 열다. 지난 5월과 6월에 도쿄, 오사카 등지로 예약 주문했던 양품부 겨울 상품들이 10여 개나 도착된다. 우리 창고는 지난번 입하로써 만원이 되어 이우^{李友} K, S 택의 미곡 창고를 빌려 그곳에 넣었다가 겨울 상품 시세가 5·6월 예약할 때보다 2~3할 내지 3~4할 올랐다고 도쿄, 오사카 등지의 출장원들이 와서 팔기도 전에 벌써 많이 남겼다고 하나 결국 팔 때는 싸게 산 원가표준으로 정찰을 붙이게 될 것인즉 그 둘이 말하는바 많은 이익은 공론에 불과하다. 그러나 현 시세보다는 확실히 저렴한 가격으로 팔게 된다는 자신을 갖는 것만이라도 여간 도움이 아닐 것이다.

　　면계포^{綿系布} 무역상 N, S 상회에서 점원 2인만 고향사람으로 구해달라는 부탁을 간절히 하기에 힘써 구해보겠노라 답하였다. 전일에도 종종 각 방면에 이와 같은 부탁을 받았으나 사람 주선이란 어려운 일이라 대개 사절해 왔는데 부득이 이번에는 사절할 수가 없었다. 오후 10시 반 개점. 전표 정리를 마친 후 점원 일동을 한 곳에 모아 오래간만에 다음과 같이 훈시를 하다.

1. 언제나 즐거운 마음 명랑한 기분으로 점두^{店頭}에 서라.
2. 손님에 차별을 두지 말고 누구에게든지 공손하라.
3. 표면적인 친절에 그치지 말고 마음으로 우러나는 친절에 힘쓰라.
4. 상품에 대한 지식을 늘 연구하고,
5. 언제나 정직한 마음과 부지런한 마음을 가지라.

무영당백화점. 크게 신축하기 이전의 모습이다.

이는 기회를 타서 종종 훈시하는 바이지만 효과가 현저히 드러난다. 그리고 더욱이 그대들도 오늘에 목도한 바와 같이 N, S 상회의 점원 부탁도 그대들의 행동이 친절하고 성실하기 때문에 송도松都 사람을 구해달라는 것이니 한편으로는 자랑스럽게도 생각하겠으나 그보다 더욱 삼가고 더욱 주의해야 일반의 신임을 저버리지 않도록 하라고 말하다. 0시 10분 전 워너메이커의 인생훈人生訓을 좀 읽다가 취침하다.

8월 20일 일요일, 비

오전 6시 기상. 오늘 아침엔 학문을 그만두고 공원에 올라가기로 하여 점원 일동과 같이 달성공원에 올라가다. 자욱한 안개 속에 잠긴 푸르른 수목과 백일홍의 붉고 아름다운 경치도 훌륭했지만, 공원 뒤 높은 곳에 올라 이른

달성공원에서 바라본 대구 시가

아침 아직 잠들어 있는 시가와 서북편의 금호강변을 조망하는 경치도 참 훌륭하였다. 동편 하늘 흰 구름 속에 해가 솟아오름을 보고 유연한 기분으로 내려오다.

  오전 7시 개점—점원 2인(8번·10번)이 몸이 아파서 일어나지 못했기 때문에 나도 상품 정돈과 청소를 같이 하다. 다른 지방 편지에 답장을 좀 쓰고 아침 정신으로 경영지식을 약 반시간 읽다. 오후 3시경 스파르타 노트 회사에서 출장원이 왔기에 견본을 보고 주문을 하다.

  석양 때 서울서 온 박우^{朴友} M, H씨가 놀러 와서 잡지와 출판사업에 대한 이야기로 장시간 서로 토론하다. 오후 7시경 저녁 식사를 마치고 비를 맞으며 교회에 나가다. 평소에도 몇 사람 모이지 않는 교회인데 비가 오므로 더욱 적게 모였다. 언제나 좀 쓸쓸한 감도 없지 않으나 목사들의 인격 훌륭함과 신자들의 순수한 태도가 좋다. 성가, 기도, 설교 그리고 돌아오다.

불과 한 시간 남짓한 짧은 타임에 얻는 수양의 힘이란 여간 위대하지가 않다. 교회에서 돌아왔건만 가을을 재촉하는 비는 여전히 내린다. 따라서 바쁘지도 않기에 기대하던 명화 '폭군 네로'를 새로 단장한 호락관 互樂館에 가서 보고 온다. 돌아와 능금 몇 개를 먹고 독서 좀 하다 취침하다. 때는 12시경.

9월 4일

오늘은 짐 뜯어 맞추는 날로 정하다. 그리하여 본점에서는 스파르타노트 회사에서 온 노트와 스크랩북 등 동경 동광당에서 온 장부, 편지지 등을, 양품부에선 추동용 잡화 등을 뜯어 맞추고 정찰 달기에 분주하였다.

오후 7시. 짙어가는 황혼의 때 차에 오르다. 오래간만에 여로에 오르니 마치 무슨 구속에서 해방이나 된 것 같이 자유로운 기분과 자연스러운 마음이 가득하였다. 찻간엔 비교적 승객이 적었으나 술 취한 촌 양반들이 지껄이는 소리에 신문도 읽기 어려울 만치 시끄러웠다. 여러 날 연이은 폭우로 금호강 물이 또 넘쳐서 기차선로까지 밀려와 망망대해와도 같았다. 그 넓은 밭과 들! 다 익어가는 나락도 물속에 잠겼다. 온 여름 조선 남쪽지방이 입은 수해, 폭풍해란 여간 큰 것이 아님을 목도해 보니 더욱 한심스러웠다.

넓고 끝없는 황야와 전야를 독무대같이 날뛰던 기차도 처음 시집온 색시의 걸음같이 조심스레 느릿느릿 진행을 하다. 두어 정거장 지나니 취객들도 내리고 다른 승객들도 차츰차츰 내리니 실내는 매우 고요해지다

홀지고 심심하여 잡지를 손에 들었다. 창 밖 넓은 들에는 백옥같은 달빛이 가득 차 있고 어딘지 모르나 조그만 역에 차가 머무니 가을을 노래하는 풀벌들의 요란스레 우는 소리가 여정에 오른 나그네의 마음을 적이 감상적이게 한다.

오후 9시경 김천에 내리다. S씨를 집으로, 사무소로 찾았으나 신임 서장의 연회에 가셨다고 해서 만나지 못하다. 이왕 내린 길에 시가지나 구경하고자 달 밝은 김천의 밤거리를 돌아다니다. 배가 고파 어느 레스토랑에서 식사하다. 값은 비싸고 맛도 없으며 소위 여급女給들이 들어왔다 나갔다 하나 오히려 불쾌스러워 본 체도 않고 입도 안 떼니 저희들도 어색한지 나중에는 들어오지도 않는다.

역에 나와 차 시간을 기다리는 동안 잡지와 신문을 들추다. 그러나 퍽도 지루했다. 오전 0시 24분발 특급으로 서울을 향하여 다시 떠나다. 밤은 깊을 대로 깊어 고요하였으며 승객들도 모두 곤히 잠들어 있었다. 책을 좀 보는 체 하다가 나도 곤히 잠들어 버리다. 북으로 북으로 달아나는 기차라 그런지 새벽이 될수록 몹시 추웠다.

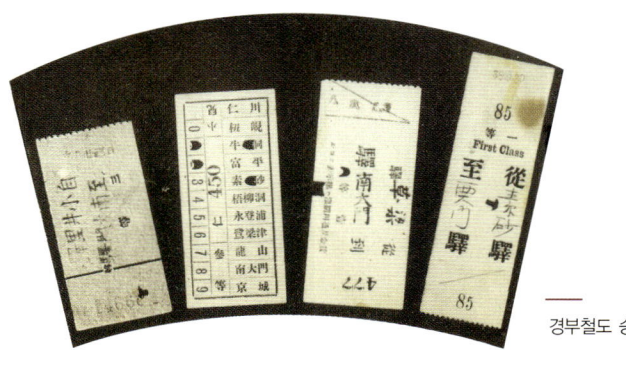

경부철도 승차권

조선호텔. 1914년 건립되었는데 조선총독부 철도국에서 직영하였다. 객실은 70여 개였다. 동양의 호텔 가운데 일류시설이었으며, 각 실에는 욕실과 전화가 갖추어져 있었다.

9월 5일

잠을 깨니 새벽 6시 18분 전. 고도 수원을 지나간다. 새벽안개에 잠긴 촌락의 풍경은 마치 한 폭의 동양화같이 아름답고 청초했다. 경성역에 내리니 때는 오전 6시 45분. 오전 10시부터 남산의 가무천加茂川 산장에서 조선서적잡지상

대회가 열려 대구부회의 11인 중 D, M과 나와 두 사람이 대표로 오게 되었으며 전 조선에서 모인 대표자가 56명이었다.

서무庶務의 회보고會報告, 규약 수정 건의안, 도서제圖書祭에 관한 건, 역원개선 등 순서대로 마치고 오후 5시로 6시까지 1시간 휴식 그런 뒤를 이어 성대한 잔치가 있은 후 오후 8시경 폐회하다. 회에서 받은 보조도 있고 번잡한 머리를 좀 편히 쉬게 하기 위하여 조선호텔로 숙소를 정하다. 80호실로 안내되어 행장을 풀고 목욕을 마친 후 서울의 은좌-진고개를 구경하고 다실茶室 낙랑樂浪을 거쳐 호텔로 돌아오다.

가을 여행시즌을 맞아 그런지 호텔엔 유숙객이 많았다. 대구의 서우徐友 C, H씨를 홀에서 만나 반가이 인사하다. 썬룸-로즈가든 등을 거닐다 내 방에 올라와 번화한 밤의 서울! 네온싸인의 불야성을 이룬 도회의 밤거리를 내려다본다. 고요히 깊어가는 이 밤 호텔의 정원에는 파란 달빛이 가득하고 귀뚜라미 노래 들려오니 가을밤의 정서를 자아낸다. 그도 벌써 4년 전 옛일이었다. 내 일생에 잊지 못할 로맨스의 하우스 이곳에 머무니 지난날 추억이 새롭다.

삼천리 제5권 제10호(1933. 10. 1.) 〈백화점 비판 기타, 젊은 상가일지商家日誌〉 무영당주 이근무

플레처 박사와 대구애락원

융희 3년^{1909년}에 대구 장로교 제중원장 미국인 의사 플레처 박사가 대구에 나병원을 설립하였다. 씨는 최초! 1908년 미국에서 도래하여 대구에 거주할 때 다수의 한센병 환자가 구호 받을 길이 없어 방황함을 보고 무한한 동정심과 약간의 자금으로 남산정^{남산동}에 치료소를 설치하고 치료를 개시하였으나 환자가 다수에 이르러 수용키 불가능하므로 미국한센병협회의 원조를 얻어 규모를 확장코자 하였으나 그 장소를 구하는데 인근 지주의 반대로

대구애락원 옛 건물

많은 곤란을 겪다가 천신만고 끝에 달성군 달성면 현 장소를 매수하여 대정 6년[1917년]에 건축하고 이전하였다. 본원은 환자 치료는 물론이고 식사, 의류에 이르기까지 모두 베풀었는데 한 해 경비가 약 2만원에 달하였다. 이는 일체 미국 한센병협회에서 기부한 것이다.

애락원 구내에는 5동의 서양풍 건물이 있어 안쪽 2동은 병실로 사용하되 남녀를 엄격히 구별하고 각 병실에는 6명씩 기거케 하여 각 실마다 자취하도록 하고 증상이 가벼운 남자 환자는 부속 농장[논 8두락 밭 8두락]에 나가 경작에 종사하고 혹 보행에 곤란한 자는 짚풀 공예를 하며 여자는 재봉틀 등을 배워 환자의 의류 세탁과 재봉에 종사함을 보면 그 광경이 완연히 한 대가족이 집합생활을 함과 같아 터럭만큼도 근심하는 빛이 없고 대개가 유유자적한 세월을 보낸다.

의원은 플레처 박사 이외 조선 의사 1인이 있어 매일 1회씩 환자를 진단하고 또 매주 금요일에는 전체 환자에게 주사를 놓는다. 창립 이래 입원한 자는 남 142, 여 117명인데 그중 전치[全治] 퇴원한 자가 6명이다. 원장 플레처 박사의 말에 의하면 만일 환자가 조속히 신약 주사요법을 받을 것 같으면 6개월에 가히 전치 퇴원함을 득한다 하며 또 종래 이 병은 천형병[天刑病]으로 인식되어 세인[世人]이 다 비관 낙망[落望]하고 심히 혐오하고 기피하였으나 오늘에는 의학이 발달되어 연구한 결과 유전병이 아니요 일종의 병균[네푸라균]에 의해 전염되는 전염병으로 판정되고 신약의 발견에 의하여 조속히 치료함을 얻을 수 있다고 한다. 본 년도의 예산은 약 25,000원인데 전부 미국 한센병협회의 기부에 속하고 또 올해 기원절[일본 건국기념일, 2월 11일] 당일에 일본 황실에서 사회사업 장려비로 금 400원을 하사하였다.
개벽 제36호(1923. 6. 1.) 〈조선문화의 기본조사-경상북도〉

한국 나병사업의 선구자요 나병환자의 은인인 에이. 지. 플레처 박사는 1882년 8월 16일 카나다에서 출생하시다. 27세 시에 선교사로 한국에 오셔서 평북 선천지방 순회 선교사로 시무하시다 의료 선교에 뜻을 두고 대구에 오시어 1910년에 대구동산병원을 창설하시다. 60년 전 대구에는 아직 근대화된 의료시설이 없는 때이므로 수많은 환자들이 몰려들어 오니 그는 환자 진료에 여념이 없었다. 그때야말로 고향에서 쫓김을 당한 나병환자들은 정처 없이 거리와 골목을 헤매이는 비참한 상황이었다.

이 애절한 상황을 보시고 사재를 털어 초가삼간 집을 구입하시어 우선 환자 20명을 수용하여(1913. 3. 1.) 나병환자의 보금자리를 만들었으니 이것이 대구 나병원의 기원이다. 그는 나병원을 확장하기 위해 대구 구라협회와 미국에 호소하니 기금조달이 됨으로 현 위치에 병사를 건축하고 80명을 받아들이게 되었다. 이 소문이 전국에 퍼져 입원을 희망하는 환자가 증가하므로 전후 9회에 걸친 예배당을 위시하여 병사 진료실을 건축함으로 580명의 수용 능력을 가지게 되었다.

그는 매일 한 번씩 애락원에 나오셔서 손수 환자진료에 여념이 없었으며 주일에는 자신이 몸소 나오셔서 설교를 하시고 육체의 병보다 심령의 병을 고쳐야 한다고 방방이 찾아다니시며 예배당에 나오기를 격려하셨다. 예배당에 나오다가 엎드러져 죽으면 천당에 직행한다는 농담 섞인 권고를 곧잘 하셨다. 그는 환자, 건물, 나무를 사랑하여 그의 손이 닿지 않은 곳이 없었다.

그러나 피치 못할 불운이 닥쳐왔으니 즉 태평양 전쟁이다. 1942년 6월 2일 새벽 3시에 강제송환으로 떠나기 싫은 정든 애락원을 등지고 미국에 가셔서 다시올 기회만 기다리다가 해방 후에 한국에 오셔서 얼마동안 선교사업을 하셨으며 다시 본국에 돌아가서 고적한 여생을 보내시다가 1970년 6월 7일에 미국 켈리포니아주에서 하나님 나라에 불리워 갔으니 그는 실로 "내가 원하노니 깨끗함을 받으라."(마 8장 3절)는 말씀을 하신 예수님 만나 준비하신 면류관을 받았을 줄 확신한다.

굳센 믿음과 강인한 투병정신을 이어 받은 원생들은 사회복지란 개선 행렬에 발걸음을 옮기면서 감사한 뜻에 한폭을 이 작은 돌위에 새겨둔다.

애락원에 있는 Archibald. G. Fletcher 박사 공적비문

기생에서 조선여성 지도자로 변신한 정칠성*

생각건대 나는 지금으로부터 30년 전 조선 말기에 우연한 기회로 당시 대구 관찰사의 모습을 구경하게 되어 그 마마의 지위를 부러워하여 그 길로 이웃 기생집에 찾아다니며 공부라고 시작한 것이 천재란 말까지 듣게 되자 부득이 부모님이 그 길로 내놓게 되었는데 그 때 8세였다.

　　　　남들이 일취월장한다는 내 기예는 차츰 영문^{경북도청} 본관^{대구군청} 사또 잔치 때마다 들리게 되었다. 한번은 선생이 되는 기생을 따라가 그 신발을 지키고 구경하는 것이 그 제자로서 늘 하는 일이라 그럴 때마다 저 애가 시조를 잘 부른단 말이 윗자리에 돌게 되자 사또는 곧 부른다. 부름을 받고는 서슴지 않고 신을 쥔 채로 올라가 날아갈 듯이 앉으면 모두들 크게 웃었다.

　　　　너 시조 한마디 불러라 하는 분부가 떨어지기 무섭게 어린 소견에도 자기가 제일 잘 한다고 생각하여 한나라 고조를 모신 명장이란 노래를 부끄럼 없이 불러 많은 칭찬도 받고 웃음도 받았다. 그러다가 그 다음 그 다음해 순종께서 남행할 때 대구 달성공원에 좌정하셨는데 그 때 여러 대관, 여러 기생과 함께 나도 참배한 일이 있었다.

* 정칠성 1897~1958
대구 출생으로 여성운동가·사회주의자이다. 일본 동경의 여성단체인 삼월회, 조선에서는 신간회의 자매단체 근우회에서 주도적 역할을 하였다. 그는 비록 기생으로 출발하였지만 자유연애, 남녀평등, 식민지 해방을 부르짖는 등 우리나라 여성사와 정치사에서 결코 빼놓을 수 없는 중요한 인물이다. 해방 후 월북하여 최고인민회의 대의원 등을 지내며 활약하였으나 1958년 숙청당하였다.

10년 전 : 지금으로부터 20년 전 당시 일류라고 부름 받는 경성 기생으로 2~3처 명문대가의 소실로 이름을 날렸다(이상스러운 것은 대구에 최감사 퇴임 시 보던 그 사또 집 며느리가 된 일도 있었다).

20년 전 : 지금으로부터 10년 전 즉 21세 시 당시는 3.1운동 직후 조선 안은 어수선하던 판이라 깊은 뜻은 모르나 종로 네거리에 서서 바라보는 젊은 가슴은 흥분에 넘치는 뜨거운 눈물을 흘리며 그 뒤를 따라 다닌 일도 있었다.

정칠성

여러 가지 활동사진에서 본 것과 이때에 받은 충동으로 마침내 현해탄을 건너가 거기서 어학도 배우고 서양 갈 준비로 영어도 배우고 타자기도 배웠으나 그러는 중 차차 사회에 눈 뜨게 되어 다시 조선에 건너와 대구에 여청女靑을 조직하고 경성에 여성동우회를 조직하며 전선청년대회 대표의 한 사람으로 활동하다가 다시 동경으로 건너간 때는 25세였는데 동경에서 여학생학흥회 간사로 활동하는 한편 '삼월회'에 참여하여 로자룩셈부르크 폴란드 태생의 유명한 사회주의자 여성과 사회란 팸플릿을 발간 전력하였고 당시는 류영준, 박순천, 김선 등 여류 웅변가들이 은퇴 기분을 가질 때여서 그 뒤를 이어 그 당시 여성으로서 연단에 매일같이 오르며 동경까지 다니며 연설한 자는 여성으로는 나뿐이었다.

그러는 중 1주일에 몇 번 가지 못한 기예학교를 마치자 서울로 돌아와서 여러 동무와 함께 근우회를 창립하고 당시 조직부 책임자로 조선 각지를 순회한 다음 출판부 책임을 겸하였는데 기억에 사라지지 않는 역사적 의미를 띤 여성단체 근우회는 나의 결정이다. 다음 근우회 중앙집행위원장으로, 신간회 간부로 신간회 전선대표대회대표위원의 한 사람 등이었다.

삼천리 제9권 제1호(1937. 1. 1.) 〈저명인물 일대기〉 정칠성

대구 출신 여류비행사 박경원의 연애비사

이야기는 지금으로부터 3년 전 소화 8년[1933년] 8월 7일로 돌아간다. 연약한 일개 여성의 몸으로, 더구나 완고한 가정과 이해없는 사회에서 누구 하나 돌보아 주는 이 없건마는 실로 악전고투, 일본 여류 조계(鳥界)에 나선 지만 10년을 맞이한 박경원 양은 오래오래 머릿속에 그리고 가슴속에 품고 있던, 선만비행(鮮滿飛行)의 장도에 오르게 되었다. 그러나! 방금, 행운의 월계관을 쥐고 승리의 관문으로 달려가는 이 박 양에게 운명의 장난은 왜 이다지도 애처롭고 덧없게 되었는가! 모든 고난과 쓰라림을 다 물리치고 10년의 오랜 희망을 이루기 위해 용감하게도 그 문 앞에 나선 박 양의 꿈은 애처롭게도 영영 그만 깨져 버리고 말았다.

　　　그 연약한 신체와 마음을 대담하게도 창공에 내어버려 쓸쓸한 우리 여류비행계에 바쳤던바 힘은 위대하였고, 그 얻는바 기쁨이 없었던 박 양이, 이제 세상을 떠나간 지 어언 3년 세월조차 덧없어! 아직도 애석의 정이 새

롭다. 너무나 고달팠던 그의 생애! 너무나 짧았던 그의 일생! 아무리 하고픈 운명의 회오리 바람이기로서니 아직도 채 피기 전인 한 떨기 꽃을 그다지도 못 피게 떨어뜨린단 말인가! 세월은 덧없이 흘러 3년이나 지났건만 박 양의 가버린 자취는 아직도 더욱 새롭구나!

이제 나는 생전의 박 양과, 세상사람 몰래 은근히 맺었던 박 양의 깨끗한 사랑을 그 당시 항공학생航空學生 S 군의 일기책을 뒤져, 세상에 알려지지 않은, 박 양이 품은 채로 영영 가버린 비련秘戀의 애사哀史를 다시 적어 박 양의 영전에 바치노라.

소화 8년(1933년) 8월 ×일. 고 박경원 양의 민간장民間葬이 동경 '지'의 ○○관에서 행해지던 날. 극히 미미하고 조그마한 일이 생겼으나 아무도 이 일을 별로 유심히 여기지 않고 지나쳐 버렸다. 뜻밖에도 그 당시에는 그 일을 아는 사람이 아무도 없었다. 그것은 왜? 너무도 조그마한, 문젯거리도 안되는 일이었으므로.

각 방면 대표들의 조사弔詞가 한참 낭독되는 가운데, 대학교 제복을 입은 한 학생이, 달려들어오며 자기의 조사를 읽어 달라는 간청이 있었다. 그때, 조사 낭독을 맡은 사람은, 미리 신청하지 않은 조사는 안 된다고, 단번에 그 청을 거절해 버렸던 것이다. 그러나 그 대학생은 재삼 그 사람에게 간청하였으나 마침내 뜻을 이루지 못하고 그 대학생은 쓸쓸히 돌아서 자리를 물러났던 것이다.

그러한 지극히 조그마한 일이 한번 있은 지 1년이 지난 이듬해 소화 9년1934년 여름 어느 날의 일이었다. 박 양이 동경에 건너가 있는 동안 오래오래 하숙하고 있던, T비행장 부근의 모 하숙방 1실과 ○○비행학교 격납고의 한편 구석에서 두 종류의 일기 뭉텅이가 나타난 것이다. 이 두 개의 일기장이, 이미 가버린 박 양이 생전에 가슴속에 품고 있던 비련의 애사일 줄이야!

한 개는 박 양의, 다른 한 개는 ○○항공연맹의 1멤버인 S 군^{민간장民間葬} 그날에 자기의 조사를 읽어 달라고 간청하던 그 학생의 일기장이었다. 이 두 종류의 일기책을 손에 쥐고 나의 지식과 상상으로 보철집록^{補綴輯錄}해 간다면, 뜻밖에도 그 민간장 당일의 의문을 풀어버릴 것으로 믿는다. 그러면 S 군은 그날에 무슨 말을 하려고 했던가? 박 양과 S 군과의 관계는? 나는 이 두개의 일기가, 세상에 알려지지 않은 이 땅 여류비행가의 No. 1인 박 양의 참담한 수업과, 세상 사람들이 몰래 고이 간직하고 있던 번민과 비애를 말한다면 그만일까 한다.

〈 박 양의 일기 〉

○월 ○일

오늘 M子의 단독 축하연이 격납고에서 열려, 나는 퍽 잘 먹었다. 호방한 축연이었다. '이제부터 계속해서 비행기 타볼 결심이 있어요?' '네, 물론이죠, 그렇지만 난 모던 교양을 한 개라도 더 얻게 된 것이 만족이에요. M子의 생각도 이러한 것이었다. 혼자 쓸쓸히 하숙방에 돌아오니, H子에게서 'T와 결혼합니다. 중도에 비행기를 배우다가 그만 두었지만, 도리어 내게는 여러 가지로 이로웠어요.' 하는 편지가 왔다.

여성비행사가 또 한 사람 비행장에서 자취를 감추었다. 그만치 굳은 결심을 말하던 H子도 결혼! 호기스럽게 타기를 시작하던 M子도 비행기를 다만 근대 여성의 소^素의 하나로서만이 생각지 못하는 것이 서글펐다. 그러나 M子를 둘러싸고 있는 세 사람의 후원자 중에 다만 한사람이라도 좋다고, 나는 늘 생각하곤 한다.

○월 ○일

오늘 분량을 써 넣으면, 아바로 120시간 23분, 안리오 64시간 25분, 사룸손 48시간 52분, 합계 233시간 40분이 된다. 이 가운데 자력으로 공부한 최초 100시간을 제외하고 남은 133시간은 후원자들의 조력으로 탔다.

24세부터 32세까지 나의 청춘 8년간의 보상이 겨우 이 비행시간인가고 생각할 때… 한 사람의 완전한 비행사가 되어 고향 비행의 염원을 단행할 만한 오늘에 와서는 누구 한 사람 후원자 될만한 이는 없구나! _{비행기 연습비는, 아아 비싼 것이라고 생각된다!}

○월 ○일

성城의 후원회로부터 '한번 귀향해라, 다소간은 조달될 수 있다.'라는 귀 곁에 지나는 말 같은 편지를 받았다. 내일, 동경을 출발한다.

〈 S 군의 일기 〉

×월 ×일

모교의 야구를 응원하려고 날았다가 불시착이다. 심록深綠의 다마천多摩川 연변까지 왔을 때 갑자기 발동기는 정지되어 버리고 말았다. 앞 좌석 교관이 창백해진 얼굴로 들여다 본다. 대지에 맹연猛然한 스피드로 육박하고 있을 때 탕-. 그뿐, 다음에는 아무것도 몰랐다. 얼마 후, 그 부근 어느 큰 농가의 방 안에 내 몸이 뉘어져 있는 것을 알았다. 어여쁜 여자가 있어, 야구 8회째에 2사후 2주자일 때, ×교의 타자에게 호타를 당해 7대 6으로 패했다는 말을 듣고 있었다. 머리만 조금 다쳤을 뿐 그 뒤 얼마 안 되어 자동차로 합숙소에 돌아왔다. 조선에서 K子_{경원} 씨가 돌아오면 불시착의 경험을 자랑하자!

×월 ×일

G로부터 수신. 오늘 시즌 최후의 ×학교와의 시합에서 석패한 것은 여러 가지로 큰 교훈이었다. 전부터 돌보아 주시는 P부인^{동향의 선배 부인의 팬의}으로 실패를 비꼬는 말을 듣게 된 것은 일생을 두고 잊을 수가 없다. 나는 문득, 후원자라고 하는 것에 대하여 어쩐지 격렬한 분노를 느끼게 된다. 저녁 때 연습을 마치고, 격납고에서 또 비웃음을 받았다. 넘어져서도 그냥 일어나지 못하였다고? 불시착 하여 어여쁜 Y子와 친하게 된 연고이겠지! Y子!… Y子! 어쨌든 기쁘지 않은 것은 아니다.

〈 박 양의 일기 〉

×월 ×일

두 달 만에 돌아왔다. 후원회에서 ○○원을 만들어 주었으나 아직 ○○원이 부족하다. 비행기는 R3형 아니면 뿌스·모스를 가지고 싶지만 도저히 되기 어려운 일이다.

×월 ×일

살모손이 겨우 내 손에 들어왔다. 깨끗하게 수리하여서 '청조호^{靑鳥號}'로 이름을 붙였다. 신경^{新京}까지의 가솔린 대여 등에 드는 돈이 이제 ○○원이 채 못되어 아무 도리 없이 멍하니 생각하고 있노라니, '우리집으로 오세요, 좋은 이야기가 있을 테니.' M子에게 꼬임을 받았다. 명랑한 M子와 서로 이야기도 해보고 싶어 따라나섰다. 호사스러운 그 여자의 생활을 보고,

화려했던 자기의 젊은 시절을 돌아보니 좀 쓸쓸한 생각이 들었다.

'좋은 후원자를 소개해 줄까.' '누구?' '마음이 있으면 어때? F씨 말이야.' F씨라는 말을 듣고 놀랐다. '그 사람이면, 조선 비행의 연료비 정도는 빌려 줄 것으로, 난 알아요, 자 어때요.' M子는 친절히 내게 여러 번 권하였으나 즉답하지 않고 그 길로 돌아와 버렸다.

나는 여러 번 생각해 보았다! 그것은 역시 S에 대한 일을 생각했기 때문이다. 여기까지 만들어 놓은 계획이 겨우 얼마되지 않는 비용으로 어쩔 줄 모르고 헤매는 것을 잘 아는 M子는 F씨를 소개해 주려는 호의는 좋으나 S를 알게 된 후부터 자신에게 도저히 그러한 용기는 나지 않는다. 그렇다고 해서 F씨의 후원을 끊어버리면 달리 비용을 얻을 만한 데도 없는 일이지만!

밤, M子의 집에서 돌아와, 2층으로 올라가려 할 때, 내 방문 위로 분명히 두 개의 그림자가 비치고 있었다. 깜짝 놀라 그 자리에 섰을 때, 그 두 개의 그림자는 서로 점점 딱 붙는 것이 역력히 보였다! 안녕하십니까 하고 소리를 지르니, S가 먼저 뛰어 나왔다. 방 안에는 귀엽게 생긴 여자, 그 여자는 S가 불시착 했을 때 누워 있던 집 Y子였음을 곧 알 수 있었다. 두 사람은 서로 놀러왔다가 주인이 없어서 그냥 기다리고 있다는 것이다. 모처럼 찾아 온 그들에게, 나는 머리가 아프다는 핑계로 돌려보내고 말았다. 소개받은 F씨를 단념하고 돌아온 나는, S와 Y子가 남다른 사이임을 보았을 때 숨이 막히는 충동을 받았다.

그냥 정신을 잃고 그 자리에 쓰러질 것을 억지로 참고, 간단한 인사말을 겨우 건네었으나, 젊고 어여쁜 Y子를 보고는, 세 사람이 한자리에 오래 대하고 앉아 있을 용기가 나지 않았다. S에게 사랑을 구할 자격이 내게 있을까?! 이것은 말하지 않아도 대답을 얻을 문제인데도, 나는 이제 새삼스럽게 새로운 문제로 번민하기 시작했다. 몇 번이나 잊으려고 해도, 생각을 고쳐먹으려 해도 안 되는구나!

×월 ×일

'청조호靑鳥號'는 당국의 검사를 끝마쳤다. 대담하게 날아 보니 발동기의 기능은 그만하면 OK다. 비행기에서 내려오니 학생들에게서, '그만한 기량이면 현해탄 건너는 것쯤은 문제도 안 됩니다.'라고 칭찬해 준다. 처음으로 자기 비행기를 가지게 된 기쁨이란 각별하다. 테스트를 마치고, 기체의 화장을 마치고는 처녀의 살결과도 같이 탄력 있는 '날개'에다 뺨을 문지르며, 자유롭게 날아주는 애기愛機에 감사하였다. 나의 연인은 비행기. 창공은 즐거운 가정이다. 쓰라린 일, 불쾌한 일, 모든 것을 하늘 높이 떠있을 때만은, 잊어버리는 것이다! '어디, 가고 싶지 않아? F씨한테.' M子와 어깨를 나란히 하고 힘 있게 하숙방으로 돌아왔다.

×월 ×일

'허, 잘 오셨습니다.' F씨는 여간 반갑게 대해주지 않는다. '비행할 준비는 다 되었는지.' '네, 그런데.' '알았어요, 내가 생각하는 바가 있으니.' F씨는 공개된 자리에서 보는 바와 달리 더욱 젊어보였다. 얼마 후 나는 F씨를 따라 ×호텔의 2층 1실로 들어가 버렸다.

그 후 3시간 지난 뒤 하숙집 쓸쓸한 방바닥에 피곤해진 내 몸뚱이는 힘없이 누워 버렸다. 모든 것을 각오한 바이니, 이제 새삼스럽게 무엇을 후회하며, 누구를 원망할쏘냐! 다만 내 계획만 달성하면 그만이다. 이로써 준비는 다 되었다. 인제는 나를 수 있다! 비행할 수가 있다!

한 장의 수표를 쥐고서, 혼자서 미친 사람 같이 부르짖었다.

×월 ×일

내일은, 하네다 출발로 결정. N씨에게 작별 인사차 갔다. '어떻게 준비가 잘 되었군요.' '네, … 겨우 겨우.' 내 눈가에는 뜨거운 눈물방울이 쭈르르 흘러내렸다. 경원의 8년간의 모든 신로辛勞를 잘 아는 N씨의 한마디 말에 나는 저절로 눈물을 흘리고야 말았다. 눈물을 떨어뜨리며 흥분한 가운데서 지껄이던 내 말을, 잠잠히 듣고만 있던 N씨는 말했다. '자신이 슬픈 여자라 생각하나요?' '아니요, 지금은 거저 계획한 목적을 달성하게 되어 기쁠 뿐이에요. 센티멘탈이란 것은 한갓 건방진 짓으로 밖에는 생각되지 않아요.' 라고 나는 힘있게 말했다.

〈 S 군의 일기 〉

×월 ×일

이륙은 참으로 훌륭했다. 하코네는 갑자기 흐려서 시야를 알 수 없으므로, 상황을 보아서는, 시즈오카로 돌아갈 각오로 날았다. 비행장에는 만여 군중으로 들끓고 있었고, 한켓지와 모자를 두르며 만세를 불렀다. 나와 Y子 씨는 기체가 쌀 낱알만치 되어 남쪽 창공에 사라질 때까지 한캇치를 휘두르며 전송하였다.

그 뒤부터 K子경원 씨의 소식은 영영 끊어지고 말았다. 정오에 오사카에 도착할 예정이었으나, 도착하지 않았다. 비행 경로 각지에 조회하는 전보를 쳤으나 어느 곳에서나 한가지로 '기영機影이 안 보인다.'는 대답 뿐이었다. 불안은 점점 쌓여만 갔다. 학교의 여러 사람들은 밤 10시까지 격납고 앞에 모여서 정보를 기다리고 있었으나 역시 아무런 소식조차 없다. 10시 반, 단념하고 해산.

×월 ×일

오전 10시, 오사카에 도착된 여객기로부터 제1보 '이두현악伊豆玄嶽의 산중에 비행기 추락되었다.' 계속하여 시즈오카현 A관서로부터, 박경원 추락참사의 확정 보고가 있었다. 저녁때 현장에서 정보가 도달했다. 경원은 좌석으로부터 상반신이 앞으로 늘어져 무참하게 즉사. 강우로 말미암아 하코네를 못 넘고 이즈를 도는 도중 시계가 전연 없는 관계로 장님비행으로 날던 순간 깊은 산중에서 충돌된 모양이다. 명랑한 선만鮮滿 방문비행의 문 앞에서 그만 무참히 죽을 줄이야, 누군들 꿈이나 꾸었으랴!

그 기량과, 그 경험으로 십이분의 자신감으로 출발한 그였으나, 불행하게도 기후의 급변은 박 양에게 최악의 비극을 가져다 주고야 말았다. 동경했던 고국 방문 비행길에 순사해 버린 경원에게는 부족이 없을는지 몰라도, 우리 여성의 손으로써 최초로 일본과 조선의 연락, 현해탄을 건너는 비행을 마치고 싶었다.

경원의 하숙방에는, 이 불행을 미리 각오하고 있었음인지 깨끗하게 정돈되어 있었다. 아무 뜻 없이 그 책상 서랍을 열어보니, 흰 사각봉투가 나왔다. 나에게. 실패하여 만약 돌아가지 못하면 읽어주어요. 하는 글이 쓰여 있다. 나는 의외로 마음을 가라앉히고 천천히 봉투를 뜯었다.

×월 ×일

오늘이 경원의 민간장. 최후로 남긴 편지로서, 경원이 자력으로 수업한 8년간의 고된 세상살이를 처음으로 안 나는 긴 조사를 글로 만들어 식장으로 달려갔다. 그러나 식은 거의 반 끝나가는 중이어서, 마침내 조사는 읽어 주지 못했다. 기어이 읽어 달라고 부탁하였으나 역시 틀렸다.

몇 사람의 명사들은 화려하던 경원의 일면을 찬양하기도 하고, 여류 항공계에 공적을 칭찬하는 조사를 읽었으나, 아무도, 여자의 연약한 두 손으로, 비싼 230시간의 연습비를 버는 쓰라린 마음에는 한 사람도 접촉한 사람이 없었다. 식장에서 돌아와 나는 조사를 다시금 읽어보았다.

230시간의 기록이, 청춘 8년간 피의 결정이었던 것을 생각하면, 다만, 오로지 창천蒼天에 한 몸을 바친 경원 앞에 머리가 수그러질 뿐이다. 역시, 세상의 후원자 된 사람들에게 격분을 참을 수 없다. 연료비 주기를 조건으로 하고 F씨는 무엇을 하였던가? 경원으로 하여금 다른 번잡한 문제에서 떠나, 자유롭게 날 수 있게 할 호의는 없었는가! 너무나 덧없이, 애처롭게 가버린 경원의 죽음 앞에 후원자의 책임도 있을 것이다.

×월 ×일

G에게 발신. 오늘이 경원이 간 지, 35일. 요사이 겨우겨우 경원의 마음을 알게 되었다. Y子와는 1년간 교제 중지를 약속하였다.

삼천리 제8권 제4호(1936. 4. 1.) 〈향토 비행도 남가춘몽! 박명의 여류 조인鳥人 박경원 양의 연애비사〉

여류문인 장덕조*의 신혼여행기

파란 반달이 가늘게 웃고 있습니다. 흘러간 그 옛날이 다시 돌아올 듯한 5월의 밤하늘 아래에 아기는 벌써 잠들었건만 나는 아직도 입가에 붙은 자장가를 그냥 읊조리고 있습니다. 바로 지난달 13일 우리들은 결혼 만 2주년을 기념하였는데 새삼스레 신혼의 회상을 쓰라고 하십니까. 그날 밤도 달은 푸르렀습니다. 음력으로 3월 열아흐레이니 밤바람이었건만 꽤 포근하였지요.

대구역의 플렛포옴은 일가와 친지들로 북적이고 있었습니다. '잘 댕겨오너라.', '잘들 가시오.', '축복합니다.' 하는 말들의 빗발 속에서. '신랑 따라 간다고 울지도 않는구나.' 하시는 어머니 말씀이 이상하게도 쓸쓸히 들리던 것을 생각합니다. 떠오르는 느낌을 가만히 어루만지며 점점 멀어지는 가뭇가뭇한 그림자들을 향해 언제까지나 손을 흔들었지요. 아직 보지 못한 시부모님, 그렇게 기대되던 이상적인 나의 집, 남편의 사랑, 이해! 눈앞에 시커멓게 나타난 것은 대구여고 건물이었습니다. 오랫동안 두고두고 나를 길러주던 그 집, 운동을 삼아 아침마다 오르던 비파산 꼭대기에는 참빗 같은 스무날 달이 해죽이 웃고 있고. 차창에 턱을 괴고 하염없이

---

* 장덕조 1914~2003
경북 경산 출생이다. 대구고등여자보통학교를 다녔다. 개벽사에서 기자 생활을 하였다. 해방 후 대구의 영남일보, 매일신문에 몸담았다. 1932년 『제일선』에 단편 「저회(低徊)」로 등단했다. 이후 「남편」 「은하수」 「다정도 병이련가?」 등을 발표하였다. 그는 남성적인 필체로 역사소설과 여성을 주인공으로 하는 작품을 많이 발표하였다.

그것을 바라보려니 처음으로 눈물이 났습니다. 까닭 모를 눈물이었으나 다디단 눈물이 자꾸자꾸 쏟아졌습니다.

'뭘 생각혀우.' 돌아보니 남편의 얼굴이 어둑한 전등 밑에서 근심스레 새 아내를 가까이 들여다보고 있었어요. '튜울립 꽃, 우리들 침실에 두고 온 튜울립 꽃을 생각했어요.' 나는 이렇게 대답하면서 부끄러움에 전신을 떨었습니다. 어쩌면 그렇게 쉽게 거짓말이 나왔을까요. 아무 거리낌 없이 죄된 생각도 없이. '살림이 정리되면 찾아옵시다. K씨가 축하로 보낸 그 꽃이니.' 남편의 고요한 웃음이 잠든 실내를 가늘게 진동하고 차는 북으로 북으로 밤새 달렸습니다.

칠백 수십일! 짧고도 긴 날과 날이 흘러간 오늘이니 그 당시 현황, 애달픈 감정과 정서도 잊은 지 오랩니다. 달이 퍽 많이 기울어졌구려, 피곤한 남편의 고요히 책장 넘기는 소리가 잠든 집 안을 울리고. 그럼 그의 곁, 조그만 침상 속에 아기를 눕히러 가야겠습니다. 밤바람에 감기 걸리면 어떡합니까.

삼천리 제7권 제6호(1935. 7. 1.) 〈신록의 신혼여행〉 장덕조

대구관찰사 박중양의 야견野犬박살

지금은 사견취체규칙飼犬取締規則이 있어서 그 규칙에 의해 기르는 개가 아니면 소위 야견野犬으로 취급하여 경찰서 같은 곳에서 박살을 시키지만 그 규칙이 생기기 전에 대구에서 벌써 야견박살이란 불문법을 내어 많은 개를 박살한 사람은 대구관찰사로서 문제 많았던 박중양이다.

그가 그렇게 야견박살을 많이 하여 일시 개백정 관찰사란 별명까지 얻게 된 것은 무슨 일반 공익에 필요해 그런 것이 아니라 으레 화류계에 명물남인 그는 대구에서도 공무 여가에는 기회 있는 대로 기생집 출입을 많이 하였는데 하룻밤에는 대구에서 기생촌으로 유명한 말방아골을 비밀히 놀러가다가 사나운 개떼를 만나서 살을 물리고 옷을 찢기어 그야말로 개코 대망신을 하고 돌아와서는 그 이튿날로 대구경찰서에다 야견박살의 긴급 명령을 내려 일시 수천 마리의 개를 박살시켰다고 한다. 말하자면 박중양은 야견박살의 선도자요 원훈이다. 개 사회에서는 영구히 잊히지 못할 인물이다.
별건곤 제69호(1934. 1. 1.) 〈만화경萬華鏡–박중양과 야견박살野犬撲殺〉

젊은 시절 박중양

만년의 박중양

경술국치 이후 박중양 관찰사

대한제국시대의 관찰사라는 것은 구시舊時의 8도 감사제도를 그대로 습용襲用한 것이요, 구제舊制(즉, 갑오개혁 이전)에 비교해서 차이점은 도순찰사와 병마, 수군절도사 등의 겸직이 없어졌으므로 전일과 같이 산하의 문무관리를 죄과가 있다 하여 그 파면과 치죄를 선행후계先行後啓하던 권능이 없어진 것과 또 행정권과 병권이 분리 독립된 결과로 육·해군을 함께 지휘함이 관찰사의 권한에서 사라진 것이다.

그러나 기타의 직권 예컨대 수령에 대한 년 2차의 전최殿最(춘추 2기의 성적 고과)라든지 경찰, 사법, 징세 등 행정과 재판 사무에까지 관계하므로 재판소장, 세무감 등을 겸하였고 그 진퇴에 관하여도 직접 폐하께 상주할 수가 있고 반드시 의정부를 경유하지 않아도 무방한 것 만큼 실로 위세가 있고 권한이 많은 중직이었다.

융희 2년1908년 관제개혁 후에는 법권, 세권이 또한 분리되어 관찰사는 지방행정과 경찰의 수뇌자가 될 뿐이요 지금의 도지사와 다를 것이 없는 1개의 행정 문관으로 지위도 저하되고 권한도 축소되었으나 다시 칙령으로 특수 위임을 받아 관내 군수는 관찰사가 추천하는 그 도내 거주자에 한하여 전형 임용하고 중앙 정부가 직접 임용치 못하였다. 이것은 병합 직전까지 계속된 제도로 도지사에 비해 매우 우월한 것이다.

그리고 13도 관찰사 외에 경성에는 한성부라는 특수 관아가 있어 조선시대 한성부 판윤제도를 그대로 습용襲用한 것인데 직권은 경찰권이 없었기에경성의 경찰은 경시청에서 직접 주관함 관찰사에 미치지 못하나 지위와 품질은 관찰사의 수위에 있으므로 보통 지방 장관이라 하면 즉 한성부윤과 각도 관찰사를 말하는 것이요 이 점에서 지금 경성부윤과는 이름은 같으나 성질이 전혀 다른 것이다. 이제 조선의 최후 관찰사 즉 병합 직전의 지방 장관을 열거하면 이러하다.(중략)

박중양이란 사람은 세상이 알다시피 충남, 황해, 충북의 장관과 도지사 시대에 가는 곳마다 여색의 문제가 생겨 실각하고 지금은 대구교외 침산 한적한 곳에서 바둑으로 소일하고 있다. 그러나 사람을 의논함에 그 사행을 들출 필요가 없을 뿐 아니라 유래 동양류의 호걸들은 음주호색을 영웅의 본색으로 알던 것인즉 오직 그에게 도학道學 선생을 배워 윤리 교과서의 인물이 되라고 하기는 무리한 것이다.

그리고 이 문제를 떠난 박중양은 개인으로 극히 효심이 있고 우의가 깊은 미담도 있으며 강직 쾌활한 호걸이다. 더욱이 지방 장관으로 재간, 역량, 수완, 식견이 모두 걸출하여 부하가 경외하고 치적이 우수한 특출한 인물이다. 지금 총독부 칙참勅參으로 물러나 있는 것이 그에게는 노기재력老驥在歷의 느낌이 있겠지만 나이가 이미 환갑이 되었으니 재기는 절망으로 볼 것이요 오직 과거에서 문벌이 미천하고 다른 학술과 관력官歷이 없으면서 전혀 적수공권의 청년으로 궐기하여 32년에 6품 대구군수로 일약 평남 관찰사가 되고 다시 다음해에 경북으로 옮겨 세상을 놀라게 한 영달과 행운을 돌아보고 자위할 것이다.

삼천리 제6권 제7호(1934. 6. 1.) 〈13도 관찰사의 그 후〉 목춘학인木春學人

경상북도 도지사 김서규

씨는 개국 484년[1875년] 11월 10일 충청남도 서산군 해안동 2통 3호에서 출생하여 금년 59세, 환갑에 가까운 노인이다. 명치35년[1902년] 4월 26일 지금으로부터 32년 전에 구 한국정부의 외부外部 견습생이 된 것이 씨의 관계官界 생활의 첫걸음이었다. 이어 외부 주사로 승진하여 교섭국에 근무한 적 있었고 동래감리서 주사, 옥구감리서 주사로 전임한 후 창원부 주사, 성진부 참사관, 성진항 재판소 검사 등 요직을 역임하였다.

대국大局의 변동으로 융희3년[1909년] 총독부 함경북도 사무관으로 전임하여 명치44년[1911년] 영흥군수를 지나서 대정11년[1922년]에 함경북도 참여관으로 평안남도를 경유하여 소화4년[1929년] 12월 11일에 전라북도지사로 승진하였다. 그리하여 소화 6년 9월 23일 경상북도 현 지사의 안락의자를 차지하여 '종사위훈 3등 1등 2급' 조선인 도지사 중 최고참자라고 한다.

씨는 한학, 시문에 소양이 많은 학자인 만큼 어학은 능통치 못하나 근엄 강직한 인격자로서 청렴결백하기 짝이 없는 이로 전형적인 완고한 관리라고 한다. 필자는 씨를 대할 때에 소위 신진 인물에 조금도 뒤지지 않을 만큼 시대사조에 밝은 것을 발견하였다, 될 수 있는 대로 개량주의적으로 현 제도가 요구하는바 정치적 색채를 내기에 고심 연구하는 것 같은 선비 지사이었다.

우가키 총독은 작년과 올해 두해에 걸쳐 농촌진흥, 색의단발장려운동色衣斷髮獎勵運動을 열심히 고조高調시키고 있으나, 씨는 이를 발안 실시한 지 이미 오래이며 이번 계획도 씨의 창안으로부터 시작됨이 아닐까 함도

의심할 바가 아니다. 오늘날 조선 사람으로서 어쨌든 단발, 색의운동만은 철저히 하고자 함이 씨의 가장 현명한 정치 두뇌의 일단인 것 같다. 관공리官公吏의 '마작엄금麻雀嚴禁' '강기숙청綱紀肅淸' 이 씨가 가장 강하게 주장하는 행정 모토인 모양으로 도민의 신뢰를 많이 받고 있다고 한다.

아무튼 땅이 넓고 토질이 척박한 경상북도. 최근 2~3년간 미증유의 자연재해와 농촌의 피폐, 기아에 허덕이는 백성이 자그마치 14만 4,895호나 되는 경상북도의 도민, 결식과 영양 부족으로 졸도하는 보교아동普校兒童이 속출하고 쇠퇴부진하는 동해안의 어민대중을 장차 어찌 구제할는지 이는 씨의 최대한 노력과 장래의 선정을 기대해 마지않는 점이다.

방금 총독부가 입안 중인 사환미社還米제도는 씨가 도내 부유계급에게 설명하여 조금씩 실시하는 것이니 빈민구제, 농촌문제 연구에 백발白髮을 재촉하는 씨의 이 방면 행정 고심은 넉넉히 엿볼 수 있으니 학벌매명學閥賣名의 신진 소장 도지사에 뒤짐이 무엇일까, 내유외강으로 그쪽 인기 100퍼센트 됨은 틀림없는 일이라 볼 것이다.

삼천리 제5권 제9호(1933. 9. 1.)
〈조선인 도지사 인물관〉 심경생心耕生

경상북도 도지사 시절의 김서규. 3.1운동 당시 평북 안변군수로 재직하였는데 군민을 철저히 감시하여 만세운동이 일어나지 않게 하였다. 1931년부터 1935년까지 경북도지사에 재직하였으며 이후 중추원 참의가 되었다.

대구 출신 작가 장혁주*에 대한 인상

이번에 대구로 갔다가 작가 장혁주 씨를 만나고 돌아 왔다. 장혁주 씨는 일찍이 잡지 「개조」에 그의 출세작 「아귀도」를 발표한 이래 늘 계속해서 동경 문단에 중요한 자극을 주어 왔으며 그뿐만 아니라 작년부터는 동아일보에 장편 「무지개」를 연재하여 일세의 찬탄을 받아오던 터이며 내 또한 씨의 작품을 통하여 미지의 벗이지만 존경하고 그리워해 오던 터이라 남쪽으로 나들이 하는 이번 기회에 씨의 서재를 찾기로 한 터였다.

장 씨는 엄격히 말하면 「무지개」 이전에는 조선 문단과 소원했었고 유리해 있었다. 그는 조선글 이외의 어학을 가지고서 해외 문단에 처음으로 재주를 펼친 사람이다. 그러나 일찍이 일본 시인 노구치요네지로가 영국에 체류할 때 일본인임에도 불구하고 『요네 노구치』로서 영국 시단에 명성을 날리어 현 일본 시단에서 보다 훨씬 더 그 명성이 화려했던 일이 있었다.

마치 장혁주 씨의 처지가 이 예와 유사하다. 그는 동경 문단에서는 지극히 중요한 또 무게 있는 지위에 처해 있으나 우리 문단에는 그보다

---

* 장혁주 1905~1998
대구 출신으로 본명은 은중. 일본 이름은 노구치미노루이다.
대구고등보통학교에 다녔으며. 비밀결사 진우동맹에서도 활동하였다. 이후 보통학교에서 교편을 잡기도 하였다. 일본어로 된 <아귀도餓鬼道>가 1932년 일본잡지 ≪개조改造≫에 당선되면서 이름을 알렸다. 그의 대표작 아귀도는 식민지 민중의 암울한 생활상을 사실적으로 그려내는 등 현실비판 인식이 강한 작품이다. 1936년 일본으로 건너간 이후 많은 소설을 지었다. 태평양전쟁 중 일본의 식민정책에 적극 참여하여 황도조선연구회皇道朝鮮硏究會 등에 참여하기도 하였다. 친일활동으로 한국에 정착하지 못하고 일본에 귀화하였다.

떨어져 있는 느낌을 갖게 하나니 아마 이것은 씨의 작품이 흔히 조선글로 우리들 기관에 발표되지 않은 데서 그 이유를 찾을 것이라 하겠다.

각설하고 지난 4월 중순 경성을 떠날 즈음에 장 씨에 관한 이야기가 필자가 친근히 교제하는 사람 사이에 가끔 논의되었다. 장 씨에 대한 서울 문단의 평판은 구구하였다. 그의 작품을 칭송하는가 하면 한쪽에서는 악평을 서슴지 않는 무리도 있었다. 이것은 어느 시대 어느 사회를 물론하고 흔히 볼 수 있는 현상이다. 특히 문단에서 그것이 한층 심한 것은 놀라지 않을 수 없는 사실이다.

그러나 이 비평과 세평世評의 대상이 될 인물에 대한 찬성과 반대는 일정한 기준이 선 다음에 해야 옳을 일이다. 거기에는 막연하게 흐르는 선입견, 악의에서 또 친불친親不親에서 오는 감정을 가지고 이야기한다면 삼가야 옳을 것이다. 우리가 흔히 볼 수 있는 소위 문학청년류의 독설 문단에 야심을 불같이 두고 타오르는 딱한 감정을 풀 길이 없어 한갓 두각을 나타낸 문인의 출세를 흠망한 나머지 질투 같은 독설로 덮어놓고 욕설하면 또한 동정할 여지가 있으나 그렇지 않고 '내가 천하제일의 문인이다.'라고 하는 교만한 생각에서 나오는 일이라면 슬프다 아니할 수 없다.

조선의 예술을 위해 한 사람 재능있는 이가 출현한다면 그를 편달 독려하여 그를 우리의 꽃, 우리의 별로 만인이 우러러보게 해야 하지 않을까? 장혁주 씨는 대구에서 출생하여 그곳에서 무명작가 시절의 쓰라린 인고의 세월을 오랫동안 보낸 분이다. 다음에도 말하겠거니와 씨의 작품에는 향토미가 누구의 작품보다 풍부하고 흙과 흙 위에 사는 인간묘사에 가장 재능을 보임은 정평이 나 있다. 이것이 모두 영남의 한쪽 모퉁이 대구의 산천을 배경으로 해서 빚어진 것이었다.

또 다른 말이지만 장씨는 서울에 소원하다. 서울에 참된 친구를 몇 사람 가지지 못하였다 한다. 그가 친히 아는 몇 사람 외에는 대개 문장을 통해서거나 혹은 서신왕래로 친분을 맺고 있다고 한다. 그를 아끼는 사람 가운데 「서신파」로 회월 박영희가 있고 파인 김동환이 있다. 나는 회월의 전언을 가지고 또 파인의 부탁을 가지고 나의 대구행을 기회 삼아 그곳에 있는 아내의 경주여행을 장씨와 함께 기도한다는 소식을 받고 장씨가 아침 저녁으로 호흡하는 그 향토미를 맛볼 겸 떠났던 것이다.

4월 21일 대구에 내린 다음날 아침에 처의 안내로 장씨를 방문하였다. 장씨의 주택은 대구에서 사흘에 한 번씩 여는 시장 부근 남산정에 있다. 이 거리는 중산층의 거주지역으로 비가 내리면 길이 진흙밭이 되는 곳이요 대로와 신작로 사이 작은 언덕을 의지한 동리인데 동리 안에는 무수한 지름길이 뒤섞여 있었다. 그리고 나의 숙소인 처가와 거리가 인접한 곳에 장 씨의 집이 있었다.

보통 집에 앞쪽을 판장으로 이은 골목과 골목 모퉁이 집이었다. 문 한편에는 씨의 문패가 검은 나무에 희게 붙어 있었으며 대문에는 어울리지 않을만하게 큰 우편함 쇠가 빛나고 있었다. 소리에 응하여 주인공인 듯한 목소리가 나고 조금 있다 장씨가 문을 열고 나왔다. 나는 이 순간 그의 용모와 체격이 미리 본 사진과 너무 다른 것에 놀랐다. 물론 사진과 실제 인물이 다른 것은 흔히 경험하는 일이나 사진에 보이는 씨는 정력이 횡일(橫溢, 기상이나 정서가 차고 넘침)한 완강한 남성미의 소유자임에 반해 실제는 지극히 섬세한 체격을 가진 「세기의 교아(驕兒), 창백한 인텔리형」의 인물이었다.

수개월 동안 병석에 누워 있었다는 씨는 얼굴에 병색이 보였다. '아, 지금 기다리고 있었습니다. 어서 들어오십시오.' 하며 반가이 잡는 손은 몹시 부드럽고 따뜻하였다. 나는 10년 옛 친구를 만난 것 같은 친밀감을 느꼈다. 뒤를 따라 서재 겸 침실인 듯한 건넌방으로 들어갔다. 한 칸 반 넓이 되는 방 가운데 자그마한 원탁을 사이에 놓고 주인과 손님 3인이 마주 대하고 앉았다. 동편 들창을 등지고 앉았는데 주인은 세루 조선옷에 와이셔츠를 받쳐 입고 억죽억죽한 얼굴에 창백한 빛을 띄우고 단정히 꿇어앉았다. 나는 초면 인사를 하는 둥 마는 둥 하고 실내 주위를 한번 살펴보았다.

처음 가는 집의 생소한 실내 풍경을 살펴보는 것은 누구나 공통으로 갖는 심리겠지만 나의 흥미를 한층 더 끈 것은 년 일차 전국에 산재한 무명작가의 격렬한 경쟁 속에서 단연 등장한 「개조」 당선작가인 장씨의 문인 서재를 살피는 데 있다. 방 남쪽 벽을 의지해서 거의 꽉 채워진 서가의 서적에 눈이 먼저 갔다. 지금 기억되는 것은 사회사상강좌, 사회문제에 관한 서적을 위시해서 막스의 자본론, 신흥문학전집 업턴싱클레어의 소설집, 프로작가의 소설집 등이 제일 많이 눈에 띠니 그가 작가로서 평소 사회문제에 대한 관심이 큰 것을 짐작할 수 있으며 작품「권이라는 남자」이전의 경향을 그것으로 얼마만큼 설명하였음에 새삼스러울 것이 없고 세계문학전집, 일본 예술파의 소설집과 몇 권의 종교서적이 이채를 발하고 기타 한서漢書, 양서洋書 등 그 외에 많은 월간잡지가 있었는데 주로 '개조' '문예수도' '행동' '문예' 등이었으며 서가 한구석 위에다 이부자리와 베개를 둥그렇게 올려놓은 것이 미소를 짓게 하였다.

동북 편 구석에 테이블을 놓고 그 위에 전등스탠드와 붓과 벼루, 잉크, 원고지가 놓여있고 일각椅의 의자가 있고 서가와 테이블 사이 천정 밑에는 풍경화가 걸려 있었고 마루로 통한 북편 문 옆벽에는 이토 신수이의 석판원색화石版原色畵가 붙어 있었으며 방 중앙 검은 원탁 위에는 「문예」와 「행동」과 「개조」와 일간신문 동아일보와 일문신문日文新聞 몇 종류가 놓여 있었다. 실내는 삼면에서 들어오는 조명으로 인해 퍽 밝았다. 그리고 주인 장씨는 여윈 한편 팔을 가끔 들었다 놓았다 하면서 독특한 경상도 액센트와 일본말을 섞어 가면서 부드러운 미소를 띠우고 조용조용히 이야기하며 앉아 있었다. 얼마 있다가 주인이 마루로 나가더니 곧 차를 가지고 들어왔다. 서양식 차 기구에 일본 번차番茶(일본의 하급 녹차)가 담겨 있었다.

그 사이에 귀여운 4~5세쯤 되는 남자 아이가 들어왔다. '이 애가 자제입니까.' 주인은 웃으면서 그렇다고 한다. 나는 어린애를 무릎에 앉혔는데 별로 낯을 가리지 않고 앉았다가 나가버린다. 잠시 그의 가정을 소개하면 장씨는 금년에 나이가 서른이다. 벌써 여학교에 다니는 딸을 위시해서 3~4명의 남매를 둔 가정의 아버지요 위로는 연로한 양친을 모시고 있어 경제적으로 한 가정을 다스리는 중추적 인물이다.

오늘날 그가 다소 경제적으로 윤택하기 이전에 많은 가족을 포용하고 일개 사립 소학교의 교원으로서 넉넉지 못한 살림을 영위하면서 한길로 문학에 정진하여 명예를 획득하기까지의 고심은 내가 상상하기에 충분히 어렵지 않았으나, 다시 한번 쳐다보지 않을 수 없게 한 이 '용사'의 과거는 무명작가에게 흔히 보이는 불안한 세계, 딱한 심정, 빈궁과의 고투를 충분히 경험했을 것이므로 사회는 당연히 보수가 있어야 할 것이다라는 것은 결코 나의 줏대 없고 과장하는 농담은 아닐 것이다.

얼마 안 있어 나의 처는 먼저 돌아가고 주인과 함께 천천히 대화가 시작되었다. 이야기는 먼저 서울 출판계의 화제를 비롯해서 문단에 미치고 문인들의 이야기에서 작품까지 말하게 되고 다시 이야기는 굴러서 일본 문단에 미치자 개조사를 비롯해 많은 문인이 교유하던 이야기로 일본 문학의 동태를 말하게 되고 프로문학으로 순수문학의 재흥再興으로부터 자기 작품의 태도를 논하고 일본 문인들의 생활상태를 말하고 작가와 출판사와 동인잡지를 말하고 이야기는 이어서 문학으로 일관하였는데 실로 선론선담善論善談하였다.

　　　장씨의 인상은 어딘지 오랫동안 교원생활을 해서 활기 없고 무기력한 풍모가 보이나 예술가다운 정열이 손을 떨리게 하고 여윈 얼굴에 눈빛이 빛나고 교만에 빠지지 않을 정도의 침착성이 있고 행복하게 보이는 고적孤寂(외롭고 쓸쓸함)을 느끼는듯한 표정이 보이는 중년의 단아한 신사 같이 뵈는 기호지방 사람 타입이었다고 생각된다. 여기에 그 대화를 전부 기술했으면 하는 욕망도 있으나 담화가 너무 다방면에 많으므로 도저히 수록하기 불가능한 일이다.

　　　씨는 어느 작품을 집필할 때 오랫동안 사색을 계속하였다. 여차할 경우 천천히 붓을 들어 하루에 3~4매씩 쓴다고 하며 시간은 이른 아침부터 오후 2시까지라 한다. 여기서 나를 잠시 기묘한 마음으로 이끈 것은 어떤 글을 쓰는 데 종사하는 사람이든지 누구나 한 가지 습관을 갖고 있어 흔히 밤에 쓰는 사람이 많은 것이 공통인 듯한데 오전 중에 집필한다는 것은 좀 흔치 않은 사례일 것이다. 그리하여 원고를 다 쓴 후에는 첨삭이 별로 필요하지 않다고 하니 의도에 힘 두는 것을 짐작할 수 있다.

　　　현재 자기가 집필하는 잡지는 「개조」를 위시해서 「문예」「문예수도」「행동」 등을 주로 하는데 그때는 마침 「행동」 집필 중으로 마감 날이 다 되어 건강도 쇠약하고 시간은 촉박하여 퍽 초조한 듯하였다.

　　　이야기 가운데 일본의 인기작가 요코미스리이치의 무취미無趣味 공부

제일주의의 과작寡作(작품을 적게 씀)과 하야시후사오의 초超 모던적 생활행동은 흥미가 있었으며 같은 개조 당선작가가 벌써 10여 명이건만 현재 인기작가로 활약하는 사람은 4~5인에 불과하다고 하니 실력도 실력이거니와 일본만 해도 문단생활이란 지극히 어려운 것임을 알 수 있으며 개조, 중앙공론사 등 일류 잡지사에는 그 분야의 대가大家를 비롯해서 중견, 신진작가 등의 원고가 편집실에 수십 편 내지 수백 편씩 저장되어 그중에서 골라 싣게 된다고 하니 조선과는 적이 경우와 환경이 다르다.

이야기가 어느 정도 권태를 느낄 때쯤 되어 내가 집필 방해를 염려할 때 마침 이갑기 군이 찾아왔다. 이씨는 그때 귀성해 있던 중 나를 찾아왔다가 이곳으로 쫓아왔던 것이다. 이 기회를 타서 석양에 재회를 기약하고 이씨와 함께 나왔다. 조그마한 마당에 화초가 비교적 많았던 것을 기억한다.

석양에 장씨는 나의 숙소로 찾아와 맥주병을 놓고 다시 이야기를 폈는데 내용은 오전 중의 계속에 불과했다. 씨는 담배는 피우지 않으나 맥주는 한 병쯤 마신다. 식사를 잘 못하는 그를 강권해서 몇 술 뜨고 영화 '그랜드 호텔' 구경을 함께 떠났다. '그랜드 호텔'은 소설로 읽은 일이 있어 퍽 흥미를 기대했는데 예상과는 반대로 별다른 흥미를 못 느꼈다. 소설을 영화화시킨 것치고 어느 하나 시원한 것이 없음을 절절히 느꼈다. 장씨는 퍽 피로한 모양으로 가끔 앞의 의자에 머리를 대고 있었다. '그랜드 호텔'이 끝나자 중도에서 나와 찻집에 가서 차 한 잔씩 마시고 집으로 돌아왔다. 작별에 임해서 그는 나에게 피곤치 않느냐는 말과 퍽 유쾌히 지냈다는 예의 바른 다정스러운 말솜씨로 하였다. 그리고 25일 교외로 안내할 터이니 약조해 달라고 하였다. 나는 물론 감사를 표하고 헤어졌다.

23일 오전에 또 잠시 만나고 될 수 있으면 그의 집필을 방해치 않으려고 그냥 있다가 드디어 약속한 25일이 왔다. 오후 2시쯤 해서 장씨가 찾아왔다. 날씨가 심히 더웠으나 가느다란 몸에 회색주의灰色周衣를 입고 겨울 와이셔츠를 받쳐 입은 기이한 풍채로 다색茶色 중절모를 썼다기보다 살짝 얹고 짧은 지팡이를 짚은 모양이 오랫동안 지친 교원 같았고 단아한 한학자 같이 보였다.

우리는 병영으로 가는 버스를 기다리느라 어느 길모퉁이에서 한참 있을 동안에 나는 집필 중인 원고가 얼마나 진행되었냐고 묻고 건강 상태는 어떠냐는 것을 묻고 그는 서울 미지의 친구 근황을 말하고 다시 문예담文藝談이 시작되고 출판이야기가 나왔다. 이번에 자기의 처음 창작집이 개조사로부터 출판되는데 그것은 현 일본 문단의 인기작가 20여 인을 망라한 문예부흥총서 중 하나로 발행된다고 한다.

창작집 제목은 그의 역작 「權と云ふ男」권이라고 불리는 사나이인데 「개조」에 발표되었던 「쫓기는 사람들」과 「분기자奮起者」(문예수도)는 검열 관계로 수록치 못하게 된다니 애석한 일이다. 이런저런 이야기 하는 동안 간신히 버스가 와서 탔다. 훤한 큰 길을 한참 지나 병영 앞에 내려서 걷기 시작했다.

날씨는 점점 더워졌다. 이제부터는 달성군으로 넘어가는 시외인데 누구나 대구여행을 해본 사람은 다 짐작할 것이나 대구는 남조선의 유수한 대도회지요 조선의 2~3류로 굴지의 도시이나 시내의 풍경이라고는 실로 보잘 것 없는 담백한 곳이다. 이런 곳에 며칠 있는 동안 시외의 전원적 풍경을 대하니 퍽 유쾌하였다. 밭에는 보리가 두 어치쯤 푸르렀다. 벚꽃은 이미 졌고 농가 부근에 복숭아꽃이 불긋불긋하고 살구꽃 같이 붉은 것이 가끔 눈에 띄었다. 밭과 밭 사잇길로 여학생 단체가 소풍에서 돌아오는 모양으로 희희낙락 하면서 지껄이며 몰려왔다. 학생들이 장선생님 장선생님 하면서 인사를 한다. 장씨는 수줍은 얼굴로 예전 자기가 가르치던 제자라고 하면서 웃었다.

얼마 지나 큰 시내 앞에 이르렀다. 이 내는 신천이라 하는데 내에는 물이 한 모퉁이로 조금씩 흘렀다. 냇가 제방 옆에 큰 회화나무 고목들이 여기저기 서 있었다. 우리는 덥고 다리도 쉴 겸해서 제방 언덕 밑 어느 청결한 주점으로 들어갔다. 이 주점은 그의 최근 작품 「갈보」에 나오는 주점처럼 대구지방에 흔한 주점 구조를 한 갈보들이 있는 곳이니 서울에서 보는 선술집을 대신하는 주점이었다.

이 주점 여주인이 반색하면서 쫓아 나와 애교를 부렸다. 그는 창작 중 피로하면 가끔 이 부근을 혼자서 산보한다고 한다. 방 안 한 모퉁이에 작은 자형字形의 카운터가 있고 상설常設인 안주 2~3종이 있는데 주녀酒女는 여주인 이외에 촌티가 박힌 젊은 여자가 한 사람 있었다. 여주인이 24~5세 되었다는 여자는 제법 능변能辯이고 애교가 풍부한 여자였다. 우리는 맥주를 뽑고 우선 마른 목을 축였다. 나는 자꾸 갈보를 연상하고 실내에서 호기심을 느꼈다. 장씨는 보통 때와는 딴판으로 여주인과 농담을 주고받는데 조금도 어색한 기색이 없었다. 장씨의 낯 간지러운 농담에 여주인이 애교 섞어 응수하는 것이 나에게는 창작을 현실화 시키는 착각을 간혹 받고 미소를 지었으나 한 모퉁이에 앉은 갈보는 무엇을 웃는지 무엇을 보는지 알 길이 없었다.

얼마 있다가 밖에서 많은 말 소리가 요란하였다. 내다보니 고등보통학교 생도들이 배낭을 지고 총을 어깨에 걸머지고 각반을 치고 나팔수를 앞세우고 와! 몰려왔다. 휴식 명을 받은 학생 군인은 와 하고 쏠려 이 주점

학생들의 군사훈련

부엌으로 몰려와서 잠깐 동안 큰 독의 물을 말리고 말았다. 우리는 방문을 닫고 쓴 맥주만 소리 없이 몇 모금 들이켰다. 학생들이 다시 진용을 정돈하고 나팔 높이 불고 보무당당步武堂堂하게 제방 위로 긴 뱀 같은 행렬을 전진시켰다. 철모르는 촌아이들은 뛰놀면서 그 뒤를 쫓았다. 얼마 있다가 우리는 이 집을 나와 산으로 올라 냇가 어느 벼랑 위에 앉았다. 신천이 굽이쳐 도는데 양편으로 산이 흘연忽然히 서 있고 님돗지안은 포프라가 웃득웃득 선 것이 퍽 장엄미를 띠고 있었다.

　　내 속 한편으로 흐르는 물은 새파란데 작은 붕어 새끼와 줄아치들이 아주 빠른 속도로 헤엄치고 있었다. 가끔 고기비늘이 오후 태양에 반사되어 은색 광채를 발하였다. 물가에는 고운 물새가 앉았다 날랐다 하였다. 멀리서 들리는 물레방아의 웅장한 소리가 쿵쿵 들렸다. 나는 여기서 또 갈보의 끝 장면을 연상하고 '바로 면장面長이 있던데 아니오니까?' 하고 웃었다. '하하, 글쎄 벌써 그런 말을 여러 번 듣습니다.' 현대의 어떤 강태공인지 낚이지 않는 낚싯대를 가끔 획획 두르고 있는 철 이른 밀짚모자를 쓴 친구가 물속에 서 있었다. 풍경 이야기와 잡담하면서 발을 떼어 월편수리조합 저수지로 내를 건너갔다. 저수지는 퍽 넓었다. 잔잔한 물이 깊다는데 수영하면 자꾸 가라앉는다 하며 보트를 타고 놀던 풍류객이 여러 번 익사해서 보트를 없앴다고 한다. 수변 언덕에는 복사꽃이 무르익었다.

　　우리는 다시 신문사 이야기로, 신문소설 이야기로, 그의 신문소설 쓰던 이야기로, 일본어로 장편소설을 다시 만들어 출판하겠다는 이야기로, 도도청청滔滔淸淸 구경은 문학담文學談으로 시원한 풍경에 취하면서 그칠 줄을 몰랐다. 나는 서울이나 혹은 도쿄 같은 데 좀 있고 싶지 않느냐 물었더니 가끔 가기는 할지언정 가 있고 싶지는 않겠다고 한다. 그리고 그것을 특색으로 하겠다고 한다.

　　그도 그럴 것이 그의 작풍作風 대부분이 시골을 무대로 하고 향토미를 충분히 발휘하는 식인데 거기에 한 이채異彩가 있었다. 동으로는 동경의 문화를 흡수하고 서로는 서울의 문화를 섭취하면서 고요히 대구에 머물러 문학도에 정진한다면 이것이 한 이채도 될 것이며 겸해서 창작하는 데 퍽 좋을 것인 줄로 느껴진다. 지금 집필하는 원고가 끝나면 그것을 가지고 동경을 여행하고 와서는 시외로 주택을 옮기겠다고 한다. 독화毒華와 매연煤煙으로 혼돈된 문화의 도회지보다는 차라리 고요한 전원이 좋을 것이다. 그는 더욱이 건강이 좋지 못하니까. 건강했다던 그가 몹시 쇠약해진 것은 참된 예술도藝術道가 한가한 사람의 취미가 아니요 실로 뼈와 살을 깎는 남아 일생의 한 큰 사업인 것을 알 수 있는 것이다.

나는 모쪼록 조선 문학을 위하여 역작을 속히 발표해 주기 바란다는 희망을 재삼 역설하였다. 자기도 동감이라고 말하고 가을철 즈음에 기필코 실행하기로 약속했다. 유성(楡城)의 옥토를 지나 다시 밭과 밭 사이를 지나 몹시 피로를 서로 느끼면서도 버스정류장으로 나오는 길에서 신선한 풍경을 빼앗기고 화제에 재미를 붙여 물림 없이 주고받았다. 버스를 타고 본정통(本町通)(서문로)에 내려 무영당서점에 들러 주인 이근무 씨를 만나고 잠시 이야기한 후에 집으로 돌아왔다. 내 숙소 앞에 왔을 때 피차 피로에 인사하고 출발하기 전에 틈 있으면 재회하자는 약조를 한 다음 헤어진 채로 그를 다시 못 만나고 그 다음날 밤에 나는 급히 서울로 돌아왔다. 그 후에 서신 왕래가 한 번씩 있었다.
삼천리 제6권 제7호(1934. 6. 1.) 〈작가인상기-무지개의 장혁주〉 박명환

어린 시절 장혁주와 대구

그것이 다섯 살 때인가 여섯 살 때인가 바다에 빠져 혼난 일이 있지만 그래도 무서운 줄 모르고 여름만 되면 강변에 나가 헤엄치며 논다. 몸이 까맣게 타서 보기 흉해진다고 어머니는 야단하지만 아이들이 와서 부르면 또 빠져 나가고야 만다. 땀을 뻘뻘 흘리면서 마을에서 강변까지 가는 동안 서로 지껄이고 이야기하는 것도 좋지만 흰 모래벌이 번득하고 눈앞에 보일 때면 그래서 옷을 활활 벗고 강물 속에 풍덩실 뛰어들던 때의 맛이란

진실로 잊혀지지 않는다. 어릴 적에 놀던 곳은 형산강의 상류 경주의 냇물이었다. 이 냇물은 경주의 산골에서 흘러내려 동해까지 들어가는 약 10리 길이의 냇물이나 포항 부근의 하구는 역시 양양한 큰 바닷물과 같아 대륙적 기풍이 있다.

중학 시절에는 대구 부근의 신천이나 본류인 금호강에서 헤엄을 쳤다. 이 금호강은 지금도 낙동강에 흘러드는 조선 굴지의 큰 냇물로 도시 대구의 인사가 더위를 식히는 유일한 동촌도 이 금호강 덕분에 웅성웅성 번화한 것이다. 그러나 호안護岸공사와 새로운 유원지 화원 때문에 지금은 몹시 스산해졌다고 생각하는데 강안의 버들 밑에 보트를 저어 가던 그때의 맛은 지금도 생각하면 그립고 아름다운 일이었다. 단지 기생들이 교양 없는 행세를 하거나 판잣집 같은 조그마한 이발소에서 부잣집 자제들이 노는 모양이 눈에 거슬렸다.

화원유원지는 동촌만큼 대구에 가깝지 않고 버스로도 원圓 택시로도 3~40분 걸리는데 여기는 낙동강 중류에 있어 산간에 있는 유원지를 앞에 두어 동촌보다는 훨씬 훌륭하다. 나는 대안對岸의 하얀 모래 벌판을 걷는 것이 좋았다. 그 넓고 넓은 모래 벌판 한가운데 서면 마치 사막 속에 우두커니 서 있는 듯한 착각을 일으킨다. 저 넓은 모래 벌판은 카메라를 겨누기에 따라 사막 같은 맛을 내게 할 수 있으리라. 나는 이 모래 벌판을 배경으로 한 영화의 한 개 씬scene을 상상하였다.

이 화원의 낙동강에는 뽀도에도 타았으나 청년 부호 S들과 함께 뱃놀이를 가끔 하였다. 술과 기생을 태우고 우리들은 한시의 시음회詩吟會를 하였는데 음력 7월 16일의 달 밝은 밤을 가려 소동파의 적벽부를 외우던 때의 멋은 좀처럼 잊혀지지 않는다. 뱃놀이라 하면 이 낙동강의 30리쯤

화원유원지. 낙동강과 금호강이 합류하는 곳에 위치한다. 천혜의 입지이므로 옛부터 토성, 고분군, 봉수대 등이 조성되었다. 1933년 야트막한 산과 강을 이용하여 대구부에서 유원지로 조성하였다. 푸른 그늘과 은잔디, 출렁이는 물결과 보트, 부녀자의 노래와 그네타기는 절묘한 풍경과 조화되어 한 여름의 장관이었다고 한다.

상류에서 역시 7월 16일 그 시골의 호족과 유지들이 5~6척의 배에 나눠 타고 노래 부르며 춤추면서 놀던 일이 있다.

그때 나는 20대 나이 시절로 그 풍취를 잘 몰랐지만 천천히 흘러내리는 물은 모래톱을 돌고 산록을 씻으며 절벽의 아래턱에 내리어 초록 욱진어 강안에 배를 맬 때든지 양반들은 한시를 읊는 듯한 담소로, 다른 배에서는 젊은이들이 원시적인 춤과 노래로서 법석였다. 토주土酒에 명태에 개장에 배를 불리고 북을 둥둥 울리면서 노는 것이었다. 푸른 달빛 속에 사각의 고풍적 초롱이 강물 위에 번득이는 것을 좌우 양옆의 촌사람들이 바라보고 있는 것이 아마 저이에겐 운치 있게 보였으리라. 지금 다시 이 시골로 찾아 간대도 이런 태평락(太平樂)하던 놀음은 볼 수가 없으리라. 그렇지만 여름만 되면 지금도 낙동강 700리 길 양옆에 사는 사람들은 제각기 멋진 풍월로 여름 한 철의 뱃놀이를 즐겨 하리라.
삼천리 제10권 제8호(1938. 8. 1.) 〈낙동강과 7월 기망(既望)〉 장혁주

이만집과 대구 개신교계

대구 남성정(남성로), 남산정(남산동)의 양 교회는 이달 1일부터 2일까지 열리는 경북노회를 불신임하며, 또한 풍파를 일으킨바, 노회측은 다수 순사의 옹호 하에 반대파에 대한 제재안을 결의하고 회의를 마쳤는데, 이러한 노회의 제재가 있었음에도 불구하고, 이달 18일 예배에 이미 면직된 박영조 목사가 여전히 설교하는 것을 이유로 삼아, 노회측 서병우 씨 일파가 학행을 가한바, 박씨는 드디어 교회

대구제일교회. 대구 최초의 개신교 교회이다. 미국 북장로교 선교사가 건립하였는데 처음에는 남성정교회라고 이름하였다.

대다수의 의사를 물어서 대구교회의 자치를 선언하였다.

　　이 사건을 가리켜 외국인 선교사 측은 이만집* 일파의 배교라 하나니 이는 이씨가 사건의 중심인이 된 연고라. 이 사건은 그 후로 점차 확대되어, 조선 기독교회 전체에 대한 사상상의 동요가 되었으며, 그 후 이어진 예배당 쟁탈소송, 상호 간의 반박문서, 선전과 같은 것은 자못 사회의 이목을 놀라게 하였다. 그런데 이 교회의 분쟁에 대하여, 당국은 은연히 선교사 편을 향해 동정을 주며, 선교사 측은 3.1운동 이후로 현저히 현 당국에 회유되는 경향이 있음은 일종의 새로운 경향이라 할 수 있다. 그들은 이제 조선에서 선교의 본 임무를 수행하면서, 조선사람 편에만 아첨할 것이 아니라, 총독부에도 아첨할 필요가 있다는 것을, 새로이 깨달은 것 같다. 포교사업만 하면 그만이지, 그들에게 또 다른 생각이 있을 게 무엇일까?

개벽 제43호(1924. 1. 1.) 〈개자신호皆自新乎-최근 일년 중의 사회상〉

＊ 이만집 1876~1944
본관은 전주이다. 독립운동가로, 이갑성, 김태련과 함께 1919년 3월 8일 대구 서문시장에서 만세운동을 주도하여 3년 여의 옥고를 치렀다. 계성학교 교사를 역임하고 남성정교회 즉 지금의 대구제일교회의 담임목사가 되었다. 대구YMCA 창설에 큰 역할을 하였다. 건국훈장 애국장이 추서되었다.

임진왜란 때 조선으로 귀화한 김충선

대구에서 동남으로 50리를 가면 팔조령 산간 벽지에 약 100여 호 되는 촌락이 하나 있다. 그 촌락 이름은 우록동이요 마을 내 주민은 전부 김씨인데 모하당 김충선 씨의 자손이라 한다. 이 김충선 씨는 원래 일본인으로 지금으로부터 332년 전 즉 조선 선조 임진왜란 때에 조선에 귀화한 사람이다. 본명은 사야가(沙也可)니 어릴적부터 그 옛날 성현의 글을 애독하고 강개척당(慷慨倜儻, 기개가 있어 의롭지 못한 것에 분개함)의 뜻이 있었다. 왜란 때에 도요토미 히데요시가 대병을 일으켜 조선을 침략하니 충선은 그때 나이 22세로 가토오키요마사의 부장(部將)이 되었다.

　　　충선은 평소 항상 조선의 문물과 예의를 흠모하던 사람이라. 비록 군인의 의무로 출병에 임하였으나 그의 양심에는 일본이 명분 없는 군대를 일으켜 이웃나라를 침해하고 백성을 살해하는 것은 인도정의(人道正義)에 위반되는 일이라고 생각하였다. 그가 부장으로 피선(被選)될 때에 이를 사양하고 피하고자 하다가 일면 다시 생각해보니 자신은 이 기회를 이용하여 조선의 문물예악을 일차 관광함도 또한 기쁜 일이라 하고 승낙하였다. 이에 병사를 거느리고 먼저 육지에 올라 비로소 조선의 문물과 의관(衣冠)을 보고 크게 기뻐하여 가로되 내 기소(其所)를 얻었도다. 어찌 인의(仁義)의 인접국에 병사를 일으키리요 하고 즉시 글을 만들어 인민에게 알리어 가로되 나는 본래 조선을 숭상하므로 공격할 의사가 없고 또한 침략하지 않을 터이니 인민은 각자 그 생업을 편안히 하고 도망가지 말며 만일 일본군 중 1인이라도 무고한 양민을 죽이는 자가 있으면 단호히 처형하리라 하니 인민이 그

녹동서원. 조선으로 귀화한 김충선의 위패를 모시고 있다.

명령을 신뢰하고 농사꾼과 장사치가 모두 전일과 같이 안정되더라. 충선은 이때부터 귀의할 의사가 더욱 절실하여 먼저 글을 경상도 병마사 김응서에게 보내고 그 스스로 귀부할 것을 약속하고 수하 병사 3,000명을 거느리고 군문軍門에 달려와 응서를 대하니 응서는 기특하게 생각하고 막료로 영입하여 대소사를 상의하였다.

  충선은 원래 대포와 조총 제조에 익숙하므로 그 방법을 일반에 가르쳐 보이고 또 휘하의 총포 제조 선수로 유명한 김계수를 경향 각 진에 파견하여 그 제조방법을 널리 알리니 선조께서 들으시고 특별히 불러 그 예를 시험하신 후 크게 칭찬하사 특히 가선대부嘉善大夫를 내리시었다. 그때에 가토오 키요마사가 동래를 함락하고 기장군機張을 무찌른 후 파죽지세로 울산으로 곧장 달려가 울산학성蔚山鶴城을 포위하매 충선이 응서와 함께 출병하여 요격하니 충선의 부하는 모두 용감한 장정이라 가는 곳마다 대적할 자가 없어 삽시간에 적을 격퇴하고 대첩을 아뢰니 임금이 충선에게 성을 하사하시어 그 공을 포상하시었다.

충선은 이렇게 7년간을 선두에 서서 특별한 공적을 여러 번 세웠으며 터럭만큼도 스스로 자랑하는 일이 없더라. 임진왜란이 끝난 후에 충선은 대구의 삼성산 아래 우록동에 거주하여 아내를 취하고 아들을 낳았으며 산수山水와 짝하고 수렵을 즐기면서 기쁨으로 세월을 보내었더니 청나라 병사가 변방을 수차례 침범함을 듣고 분개하고 상소하여 국방의 책무에 임하기를 자청하고 십년간을 변방에서 힘쓰다가 돌아온 후 그 공으로 정헌正憲으로 승차하였다.

그 후 이괄의 난이 일어나자 이괄의 부장副將 서아지徐牙之는 또한 일본인으로 심히 날쌔고 용맹하여 당시 사람들이 날아다니는 일본인이라고 부르는 자이다. 만용을 부리어 동충서돌東衝西突하니 서울의 관군이 감히 가까이 가지 못하는지라. 충선이 돌진하여 한 칼에 아지牙之를 참살하니 이괄의 난이 속히 평정됨 또한 충선의 공이 심히 컸기 때문이다. 인조 대에 병자호란이 일어나니 때에 충선의 나이 이미 60세더라. 백발이 비록 쓸쓸한 모양이나 그의 용기는 터럭만큼도 쇠하지 아니하여 칼과 말 하나로 밤낮으로 달려 도성으로 향하는 도중 인조가 남한산성으로 가신다 함을 듣고 마침내 쌍령雙嶺(남한산성 동남쪽 고개)에 이르러 맹렬한 기세로 운집한 청나라 병사를 죽이고 사람이 없는 땅처럼 들어가 성 아래 이르렀으나 화의가 이미 성립함을 듣고 심히 분하여 대성통곡하고 가로되 어찌 당당한 예의의 나라로서 차마 오랑캐에게 굴복하리요. 춘추존양春秋尊攘의 의가 어디 있느뇨. 나의 한 칼에 족히 백만의 군사를 당할 수 있으나 이를 장차 어디에 쓰리요 하고 즉시 칼을 땅에 던지고 우록리에 돌아와 자신의 집을 이름하여 가로되 모화慕華라 하고 다시는 세상에 나서지 아니하였다.

충선은 다만 무장일 뿐만 아니라 또한 문인이요 학자다. 그가 저술한 가훈과 향약은 역대 제현諸賢에 조금도 부족하지 않고 그의 상소문은 그 뜻이 순수하고 정성되어 어떤 사람이라도 그의 충의에 감탄치 않을 수 없었다. 그가 종군하여 조선으로 올 때 가져온 신묘년 호적과 임진 당시에 유명한 이덕형, 이정암, 김명원, 김성일, 곽재우, 이순신, 정철, 김덕령 등 제현 사이에 왕복한 문자는 오늘날 까지도 그 자손이 은밀히 간직하고 있다.

그의 자손은 현재 100여 호에 달하나 대개 무지하여 충선의 조선에 있었던 일을 상세히 알지 못하고 오늘날까지도 그 조상이 일본인인 것을 수치로 생각하여 외부인을 대할 때에 우록동에 사는 것을 숨긴다고 한다. 우리 조선인은 김충선을 한漢나라의 김일제와 같이 생각하여 그를 칭찬하나 일본인이 보면 김충선은 죄인이라 할 것이다. 특히 우리 조선인을 동화하려고 노력하는 금일에 300년 전 조선에 동화한 김씨를 대하면 감개가 무량하다.

개벽 제36호(1923. 6. 1.) 〈조선문화의 기본조사-경상북도〉

이 인* 변호사에 대한 인상

이 군은 변호사로도 특색있는 인물이거니와 육체적으로도 다리를 저는 특징을 가져 변호사계의 독특한 존재이다. 이 군은 대정 11년[1922년] 10월에 도쿄에서 변호사 시험에 합격하고 도쿄 아카사카구에서 개업했다가 경성으로 온 사람이다. 이 군이 오늘까지 맡은 사건은 600여 건인데 80퍼센트는 사상범 사건이다. 공산당사건의 피고로서 이 군의 얼굴을 법정에서 보지 않은 사람이 드물다. 소장변호사로 또는 좌경변호사로서 사회운동이 죄가 아니 된다고 열렬히 주장한 이는 이 군일 것이다. 재작년 12월 6일 이 군은 8개월 정직을 받았다. 수원고등농림학생사건 변호 시에 ○○사상은 ○○○이 전부 가지고 있는 사상이니 이에 관한 글을 써서 일반에게 보였다 할지라도 치안을 어지럽게 하지 않았다고 주장한 일이었다. 이 군은 마음먹은 일이면 그냥 내어 쏘는 성질이 있다. 그러므로 이 군은 이것으로 이익을 볼 때도 있거니와 손실을 볼 때도 있다. 다시 말하면 이 성품은 이 군의 장점도 되거니와 결점도 되는 것이다. 무슨 일에든지 남자답게 대처하는 그의 태도, 절름절름하는 그 모양과 함께 우리는 잊을 수 없다.

동광 제31호(1932. 3. 5.) 〈변호사 평판기〉 동허자[東虛子]

* 이인 1896~1979
대구 출생으로 호는 애산이다. 변호사이자 정치가이다. 대구의 달동심상소학교와 경북실업보습학교를 다녔다. 일본에 건너간 후 일본 메이지대학을 졸업하고 일본변호사시험에 합격하였다. 조선에 돌아와서는 민족주의 변호사, 인권변호사로 항일독립운동사건, 노동자 등 사회적 약자를 위한 변호를 많이 맡았다. 그가 관여한 재판은 대구조선은행 금고폭파미수사건, 이완용 암살미수사건, 광주학생운동사건, 창원농민소작쟁의사건, 수원살인사건 등이다. 이러한 활약으로 변호사 자격을 정지당하기도 하였으며 조선어학회를 후원하다가 투옥되기까지 하였다. 해방 후에는 법무부 장관, 반민특위위원장 등을 지냈다.

애주가에 대한 이인 변호사의 생각

남들은 나를 주객酒客이라고 볼지 몰라도 나는 그렇게 주객이 아닙니다. 기껏 먹는대야 사합 정도밖에 안 되니까. 그리고 술을 보아도 먹고 싶어서 먹는 것이 아닙니다. 남들이 술좌석에서 자꾸 권하니까 한 잔 두 잔 거듭하게 되는 것이지요. 또 술 즐기는 친구가 그야말로 유붕이 자원방래 하니까 주인 되니 어쩔 수 없어 몇 잔을 함께 나누는 것이외다. 이러하니 나는 애주가라고 할 수 없지요. 술을 아니 먹어도 살아가기는 살아가나 그렇다고 전혀 술을 아니 먹는 처지도 아니니까 이제 '금주법'이 실시된다면 술을 완전히 끊어버려도 좋습니다. 우리 사회에 술 마시는 풍조가 없어진다면 여러 가지 방면으로 유리한 점이 많을 것이외다. 내 들은즉 술 먹고 술주정하는 사람은 세상에 조선사람밖에 없다고 합디다.

　　　　서양사람들은 술을 먹되 한두 잔 입에 대고 흥분하면 그만이오. 중국사람들은 술을 먹되 결코 제 양 이상을 먹어 주정하는 일이 없다고 하지요. 그런데 조선사람만이 술을 사발로 들이키고는 길거리로 주정하며 다니거나 수삼 일 사무를 팽개치고 행패부리는 일이 많지요. 이러한 폐습을 우리들은 일소해야 할 것입니다.

삼천리 제4권 제7호(1932. 7. 1.) 〈금주법이 실시되면 장안 주객은 장내하將奈何〉 이인

대구의 광산 사업가 김태원

한동안 중앙일보가 쓰러지려 할 적에 안씨라는 영남 신사 한 분이 서울로 나타나서 수만의 대금을 사용해 가며 한동안 와자자하게 소문을 날렸다. 그분의 배후에 금광왕 김태원 씨가 숨어 있었다. 김태원 씨도 광산 청부업자로 돌아다니기도 하고, 천신만고 끝에 나중에 경북 어느 고을에 있는 금광 한 개를 잘 만나서 육칠십 만원에 팔아 버린 뒤 계속하여 삼남 각처의 금광에 손을 내어 굉장한 실 세력을 모아 쥐고 있는 분이다. 올해 나이 50세를 상하 하는 아직 중로^{中老}이다.
삼천리 제7권 제8호(1935. 9. 1.) 〈금광 주식으로 거부가 된 이들-김태원〉

소남 김태원 동상. 광산개발 이익으로 대구 사회사업에 이바지 한 김태원의 동상과 신문기사

융희 황제의 대구 방문

융희 황제

이토오 히로부미 통감은 한국 황제의 '남북행행南北行幸' 이라는 일찍이 없었던 일을 계획해서 북쪽으로는 의주까지, 남쪽으로는 진해만 사이를 순행의 여정으로 삼고, 문무백관을 따르게 하여 한국 황제는 처음으로 대 여행을 하셨다. 나는 궁내부 내장원의 이사이므로 이 대 여행 중의 여비 지불을 명받았기 때문에 호종扈從했다.

이등 통감의 목적이 무엇인지 나는 알지 못한다. 연도의 정거장에는 조선 고유의 예복을 입은 다수의 양반, 즉 조선의 지배계급자들이 정렬하여 마중 나왔다. 일본인도 많이 마중 나왔다. 상당히 많은 일본인이 조선에 들어와 있다는 것을 조선의 상류층은 알았으리라. 진해에는 닻을 내린 일본군함이 많이 있었다. 함상의 대포가 자유자재로 움직이는 모양을 황제를 비롯한 모두가 두 눈으로 직접 보았다.

대구에선 정거장에 2~30인의 조선옷을 입은 양반이 열을 지어 있었는데 이토오 통감은 고의교高義教라는 예무관禮武官(그 사람은 재지才智가 우수한 신사였다), 그 고씨를 시켜서 양반들이 열을 지어 있는 데를 향하여 '제군 중에 이 이등의 목을 베고 싶은 사람이 있으면 말해요.' 라고 말한즉 여기에 대하여 전 양반은 '네.' 라고 하며 오직 머리를 일제히 숙일 뿐이었다. 나는 이등 통감이 이렇게 해서 양반의 담력을 없애려 했다고 보았다.

옛날 도요토미 히데요시 시대의 고(故) 영웅의 지혜를 시험해 보았는데 그중 그 뒤 하얼빈에서 권총을 발(發)하는 사람이 없는 것은 다행이었다. 양반에는 그러한 인물이 벌써 없는듯했다. 하지만, 나 자신은 만약 무슨 일이 생기면 나 자신을 아주 던져, 이것을 처리하리란 결심은 항상 가졌으나 아무 일도 없었다.

　　　　동소(同所)에서 나는 관원 몇 명과 함께 지불할 금액 일체를 죄다 가지고 있으므로 일행과 떠나 일본인 여관에 숙박했으나 밤이 늦어 웬일인지 마음이 이상하여 옆방을 엿본즉 거기엔 괴상한 일본인이 누워 자고 있었다. 어떤 자이냐고 소리를 지르며 일으키니 이 자는 점점 더 괴상한 행동을 하면서 별로 반항하려고도 하지 않고, 변명도 하지 않고, 피하지도 않았다.

　　　　그래서 나는 곧 경찰관을 불러 그 괴상한 자를 맡겼다. 나는 수십 백인 관리의 숙박비 지불 때문에 수천원의 현금을 다른 관원과 함께 보관하고 있어 만일 도난당하면 큰 손해를 보게 되므로 신상뿐만 아니라 돈도 주의하지 않으면 안 되었다. 당시 대구도 현재와 달라서 빈약한 거리였으나 거기에 비하면 양반은 상당히 많았다.

궁정열차승차증. 융희 황제가 남쪽지방을 시찰 할 때의 열차승차권이다. 1909년 1월 8일 오전 9시 10분 대구역 출발이 표시되어 있다.

남북순행은 퍽 마음을 썼다. 불행히 장티푸스에 걸려 경성에서 날마다 고열이 나서 한 때는 좀 위태했으나 곧 나았다. 황실에선 행행行幸을 기념하는 휘장을 만들어 분배하였다. 또 궁내부 관리에게는 은기銀器를 하사했다. 이것도 오늘날에는 하나의 옛 이야기다.
삼천리 제12권 제9호(1940. 10. 1.) 〈삼십년전의 평양〉 법학박사 권천신

대구 미인의 특색

대구라 하면 세상 사람들은 으레 문둥이를 연상하고 약령시藥令市를 연상하고 물 없는 것을 연상하여 경상도 중에서 자고이래로 색향色鄕으로 치는 진주나 창원, 경주보다도 아주 무미건조한 사막의 도시로 알기 쉽다. 그러나 시대의 변천은 이 미인계에도 대변동을 일으켰다. 담바귀타령이 유행되며 경부철도가 남북을 관통하고 또 근래에는 진주에 있던 경남도청이 부산의 왜풍倭風에 날아가고 경주의 문화유적이 탐방객을 흡수하므로 남국南國의 낭자군도 해마다 영남의 대도시요 남북교통의 요충인 대구로 모여든다. 거리거리에 연지 화장한 여자가 청춘남녀의 눈을 현란케 하고 골목마다 가야금 장단소리가 끊이지 않아서 이성고객異城孤客은 남국의 취위를 깨닫게 된다. 더구나 신식의 하이카라 여류 미인들이 삼삼오오 짝을 지어 극장이나 달성공원 같은 곳으로 돌아다니는 것을 보면 어느덧 사막의 도시는 '꽃' 도시로 변화한 감이 없지 않다. 대구와 평양은 지리, 인정, 풍속이 서로 다른 만큼

평양미인. 평양 전금문에서 대동강을 바라보는 여인

미인의 특징 또한 다르다.

    평양 미인은 부화경쾌浮華輕快함에 반하여 대구 미인은 질소침중質素沉重하다. 겉으로는 평양 미인 모양으로 다정스럽고 친절치 못한 것 같지만 속으로는 은근하고 귀염성 있기는 도저히 평양 미인으로서는 따르지 못할 것이다. 평양 미인이 다교다태多嬌多態하다면 대구 미인은 다정다한多情多恨하다. 이것은 성격에 관한 말이거니와 외형으로도 전연 다르다. 평양 미인 얼굴은 외씨苽實모양으로 희고도 길지만 대구 미인은 구름 속의 달과 같이 둥글고 또 약간의 검은 빛이 있다. 평양 미인은 키가 후리후리하고 허리가 버들같이 날씬하지만 대구 미인은 키가 작달막하고 딱 바라져 있고 허리도 장구통 모양으로 짤막하다. 화장도 평양은 가볍고 부드러운 것을 좋아하나 대구는 농후한 것을 좋아하며 의복의 색태도 평양은 옅고 담백한 것을 좋아하나 대구는 심농한 것을 좋아하는 것 같다. 하여간 대구 미인은 남도의 대표적 미인이다. 경향의 세력분포도 또한 그러하다.
별건곤 제19호(1929. 2. 1.) 〈오대도시 미인평판기〉 풍류랑

대구부 버스와 미녀 안내양

물 없는 대구에도 장마 덕분에 홍수난리가 나서 금호강, 대구천의 사나운 물결에 가엾은 동포가 몇 사람씩 생명을 잃고 수백의 민가가 침수되어 일시 비참한 광경을 보게 되었다 한다. 그러나 대구역 앞은 아주 딴 세상처럼 태평스런 기색이 가득 돌아 전날에 보이지 않던 녹색 버스가 일없는 사람들을 가득 싣고 역 앞 광장에서 동분서주하며 칠팔월의 살찐 병아리 모양으로 엉덩이가 토실토실한 수 십팔 인의 어여쁜 아가씨들이 경쾌한 복장_{경성의 버스걸과 복색이 같다}으로 광장 한가운데 둘러서서 지나가는 여러 행인의 눈길을 끈다. 이크! 이것이 무엇이냐. 홍수에 몰려들어 온 인어의 물이냐. 폭풍에 날려온 제비 떼냐 하고 자세히 보니 대구부에서 새로 모집한 '버스걸'이다.

그날이 마침 대구부청에서 버스 시운전을 개시한 날인데 선전을 위해 대구부민에게 무료 공승_{公乘}시키는 까닭에 차 안에도 사람이 그와

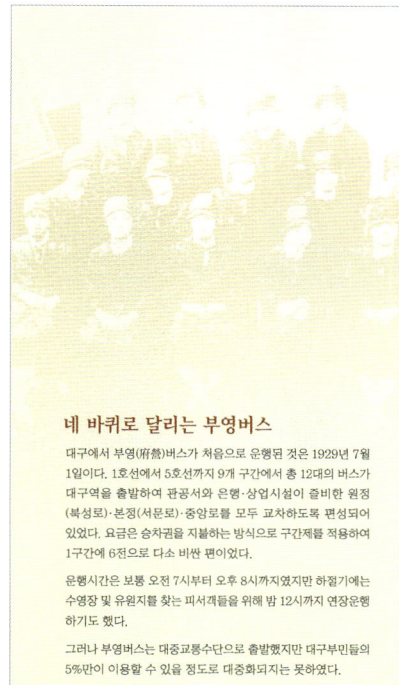 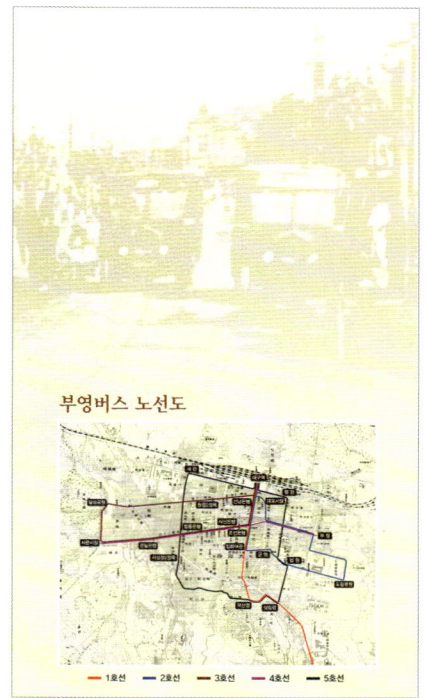

대구부가 직영한 부영버스와 노선도

같이 가득하고 버스걸도 여러 손님에게 광고도 할 겸 임시전람회를 연 것이다. 아직 처음이라 그런지 몰라도 소위 대구부에서 직접 운영함에도 임시적인 정차장 시설 하나 없고 그냥 공터에다 책상 하나 의자 한 개만 놓고 부청 직원이 일 보는 것은 너무 빈약해 보인다. 그러나 버스는 새로 주문한 만큼 서울보다 더 깨끗해 보이고 버스걸도 대구부윤 영감의 독특한 선발 방법에 의해 뽑은 까닭에 서울보다 비교적 미인이 많다. 들은 바에 의하면 부청에서 버스걸을 모집할 때에 부윤이 특히 내훈內訓하여 말하기를 '버스걸에게 특별한 학식을 요구할 것은 없다.

일어로 말하면 공원까지, 역 앞 등의 말만 알면 되고 영어는 A, B 글자 몰라도 서울의 버스걸처럼 오라이, 스톱만 옮길 줄 알되 수학이라야 10전에서 일구채금一區債金 6전을 빼면 거슬러 줄 것이 4전이란 것만 알 정도면 충분하니 무엇보다 얼굴 예쁜 것으로 뽑으라.' 하였다고 한다. 과연 옳은 말이다. 같은 떡이면 무늬 있는 떡을 먹는다고 이왕 여자를 채용할 터이면 미인으로 뽑는 것이 선량한 영업책이겠지.

그러나 미인만 뽑았다가 남자 운전수들이 버스걸에 정신 팔려 운전을 실수하면 승객에겐 큰 걱정거리다. 이날에도 운전수와 버스걸이 이야기하는 바람에 버스 운전이 늦어 육전공차六錢空車를 탔던 승객이 기차 시간을 놓치고는 웃으며 한탄하는 말이 '세상에 공짜란 것은 없는 것이다. 어여쁜 여자가 있고 공짜로 태워준다는 바람에 버스인가 키스인가 탔다가 시간을 놓쳤다. 이왕 공개할 것이면 차 시간 기다리는 동안 버스걸도 공개했으면. 허허.' 이것은 내가 대구를 처음 도착하면서 보고 들은 이야깃거리였다.

별건곤 제22호(1929. 8. 1.) 〈남대南隊〉 차상찬

대구기생 이소춘과 강명화의 단발

최근 지방에는 팔월 중에 대구의 미인 기생 이소춘李小春이가 어느 부협의 원영감에게 철석같은 사랑을 입증하기 위해 삼단 같은 머리숱이 많고 긴 머리를 잘라버렸다. 이름은 잊었으나 이소춘을 전후해서 청주에도 남자의 유흥비에 희생되어 주점에 팔린 여자가 취객들의 희롱에 못 이겨 머리를 자른 일도 있었다 하며 강석자보다 좀 더 로맨틱하게 단발한 분은 세상이 다 아는 대구 부호의 아들 장병천을 위해 머리를 자르고 손가락까지 자르고 나중에는 자살까지 한 강명화이다.

　　　　그는 죽기로써 장병천을 사랑하였으나 장씨가 재산가의 아들이라는 이유 때문에 그의 사랑은 믿음이 적게 보였다. 그 후 다시 동경으로 같이 가 있을 때 동경에 있는 고학생들이 장병천을 찾아와 기생 데리고 와서 유유히 놀며 고학생에게 기부도 한 푼 하지 않는다고 야단치는 바람에 그는 기가 막혀 그 폭언하는 학생들 앞에서 '강명화는 결코 장병천을 일개 불량소년으로 알고 쫓아다니지 않는다.' 고 맹세하며 그 자리에서 머리를 자르고 손가락까지 잘랐으므로 주먹 쥐고 떠들던 작자들도 기가 막혀 달아나 버렸다고 한다. 어쨌든 단발 미인으로 세상에 이름이 크게 난 이는 강명화일 것이다.

별건곤 제9호(1927. 10. 1.) 〈단발여보斷髮女譜〉 장발산인長髮散人

대구의 미인 기생과 청년 부호

대구라 하면 누구나 먼저 문둥이癩病者를 연상하게 된다. 반가운 사람을 만나도 '이야 문둥아 너 어디 갔더노.' 하고 미운 사람을 보고 욕할 때도 '에라이 이놈 문둥이 같은 놈' 하며 병원에도 나병원이 있고 부락에도 문둥이 부락이 따로 있다.

더구나 차에 내려서 정차장 개찰구를 나올 때에 문둥이 걸인패가 이 찌는 듯한 더운 날에 북조선 사람은 꿈에도 보기 어려운 그 무시무시하고 징글징글한 사자 상과 같은 험악한 얼굴에다 전신에 흔디가 만신창이 된 몸을 가지고 달려와서 돈을 구걸할 때는 좀체 여자들은 놀라서 낙태라도 할 만하다. 그들의 증상도 가엽지만 해당 지역 관서官署에서 아무런 처치 없이 그대로 두는 것은 적어도 조선의 제3대 도회지라는 대구의 체면을 손상케 하는 것이다. 그것을 볼 때 누가 대구는 문둥이의 대구가 아니라고 장담할 수 있으랴.

그러나 반면에 대구에는 미인 또한 많다. 서울에도 한남권번은 대구 미인의 주재영駐在營인 것은 물론이지만 우선 정거장 식당만 보아도 전날에 없던 아니 다른 식당에서 흔히 볼 수 없는 미인물론 일본여자들이 들락날락하고 금호관, 해동관, 복수헌, 만경관 극장에도 꽃 같은 미인이 항상 떠나지 않으며 시가에도 가는 곳마다 가야금, 장구 소리가 그치지 않는다. 문둥이 바람에 골머리를 앓던 사람도 이 미인의 향내에는 코가 다시 실룩실룩 할 것이다. 소위 입맛이 없을 때에는 병아리 구덩이만 따라 다녀도 비위가 열린다고. 대구에 여행하는 사람이 이 미인 구경을 한 번 하면

대구의 대표적 요정 '明石'의 내부

만경관 공연광고. 조선의 유명 가극단인 반도가극단의 '견우 직녀' 공연 홍보광고이다.

얼마정도의 위안을 얻을 수 있을 것이다.

  그러나 미인이 많다고 누구나 함부로 구경할 수는 없는 것이다. 요사이 날도 덥고 장마도 지루한 까닭에 대구 부호가 청년들이 자기 부모 형제의 눈을 속이고 합동은행에 토지를 저당하여 자동차로, 기차로 애기愛妓를 모시고 양산 통도사에 복분자覆盆子(딸기)노라 동래온천에 목욕놀이 가고 그렇지 않으면 집에 앉아 인육좌매상人肉坐賣商 하느라 풋 오입쟁이는 좀처럼 불러 볼 수 없다고 한다.

별건곤 제22호(1929. 8. 1.) 〈남대南隊〉 차상찬

대구의 유명 기생 이소춘, 윤복희, 고미화

대구는 평양, 진주같이 본래부터 색향으로 이름난 곳은 아니다. 대구는 산수가 그다지 미려한 곳이 아니며 따라서 인물도 영리해서 여자에 가까운 점이 적은, 말하자면 다른 지방 사람이 일컫는 무디다고 할만한 곳이므로 요염한 미인의 생산지가 되기에 부적당하다고 할지 모르지만 현재 달성권번達城券番 화적花籍(기생 명부)에 등재된 80여 미희들은 무디다고 하는 대구의 화려한 일면을 단장하고 있으니 이제 그 수많은 미인들 중에 가장 명성이 높은 몇몇 미인을 소개하면 아래와 같다.

❀ 이소춘

대구에서 가장 전형적인 명화(名花)로 치면 누구보다 제일 먼저 첫 손가락을 꼽지 않을 수 없다. 그가 별로 보아서 삼대나 그 업을 계승하였으니 이것을 화류계에 가장 명문 갑족이라고 하는 것인데 그는 이러한 빛나는 가정적 배경보다도 그 자신의 구비한 아름다운 얼굴이 능히 일세를 풍미하는 쟁쟁한 명성을 짓고도 남음이 있으니 그는 요부전형(妖婦典型)의 요염한 아름다움보다도 화려한 육례에 명묘세요 明眸細腰(맑은 눈과 가는 허리)의 가장 정통적 미인일 것이다. 어쨌든 대구의 부유한 귀공자들이 그 꽃다운 얼굴을 한번 사랑하고 그 고운 소리를 한번 엿듣는 것만으로도 무상의 영광으로 여길 만치 명망이 있어서 마치 백낙천(白樂天)의 비파행(琵琶行)에 보이는 주인공의 풍류성대의 당시 광경을 상상할만한 이 양대유객(陽臺遊客)의 모든 총애를 한몸에 받는 그녀는 세인이 다 아는 고운 얼굴 이외에도 숨은 기예가 참으로 능란하여 춤으로 그 성가가 인정된 것은 둘째치고 우리의 고대 풍류로서 가장 단아하고 고전적인 거문고에 오직 기예가 있다고 한다. 일찍이 그가 서양음악에 대한 소양이 없어도 피아노, 바이올린 같은 것도 그다지 어렵지 않다고 말하는 것을 보면 기악(器樂)에 대한 그의 천재성을 짐작할 수 있다.

그런데 그는 보통 인간과 다른 부류에 속한 가련한 환경에 처했으므로 일찍이 이 풍월루 주인이 그이의 인생관이 어떤가를 살짝 물어 본 일이 있다. 그때 그는 수줍은 느낌과 한스러운 표정으로 늘 질탕저 유흥에 시달리자니 자신에 대한 별다른 생각도 없지만 어쨌든 저에게는 노래와 춤으로는 덮어버리지 못할 남다른 말 못할 비애가 있답니다 하던 것을 생각하면 미인박명이란 말이 은연중에 수긍됨과 동시에 때로는 적적한 기생집에 홀로 애끓는 그이의 번민을 짐작할 수 있다. 그의 나이는 올해 22세이다.

화장하는 기생

농염한 포즈를 취한 기생

제2장. 대구인과 대구, 그리고 미인기생 __ 167

❀ 윤복희

대구에 신진 화형으로 성가가 높기는 그이 앞에 나설 이가 없을 것이다. 그이가 한 무명에 신진으로서 그다지 큰 노력 없이 인제는 엄연히 일가의 지위를 차지해서 소위 큰 명기^{名妓}의 명성을 능가함은 어디에 숨었는지 모를 백퍼센트의 매력이 아무리 강철대왕^{鋼鐵大王}이라 할지라도 은근히 정녕히 움직이게 하는 힘 때문일 것이다.

　　　개나리 꽃 같이 청초함 때문에 한번 보면 차다고 할지 모르지만 실상 그이의 숨어 있는 열정적 일면은 향기 그윽한 장미꽃 향내보다 더 강렬한 것이니 이러한 거의 남주경국^{南州傾國}의 미인으로서 그 기예도 절대로 그 색에 밀지지 않을 만큼 구비하고 완벽함이니 그의 마음 놓고 부르는 ^{산아지로구나 하는} 진양조는 진실로 듣는 사람의 가슴을 십이분이나 움직이게 하는 것이 있다.

　　　이러한 여러 가지 명화^{名花}에 자격조건 만점 이상을 얻은 그녀에게 또 다시 참으로 이채^{異彩}로운 숨은 기예가 있으니 그는 서화^{書畵}에 놀랄만한 천재가 있어 그 섬섬옥수는 신비롭고 운치가 아득한 사군자를 그릴 때는 그야말로 진진한 동방의 정취를 그 작자의 작품에서 함께 맛볼 수 있는 것이다. 그러나 아직도 겸손한 태도로 화도^{畵道}에 정진하려 하니 반드시 훗날에 대성할 것이 짐작되며 그 다정다한한 가슴을 위안해 줄만한 진실한 정인이 있고 없고는 아직 모른다. 그는 올해 21세이다.

❀ 고미화

전형적인 아담한 미인이다. 누구나 처음 대할 때 명랑하고 경쾌한 인상을 주는 이는 아마도 그이에 앞설 사람이 없을 것이다. 그이도 역시 가문으로는 명문인데 오늘날 이만한 명성을 얻은 평소의 견문이라든가 교양이 다소 배경적 효과를 내었는지 모르지만 그 전마한 아름다움과 다정한 음성 같은 것은 능히 동창으로도 일가의 지위를 차지하기에 부족함이 없을 것이다. 대구 시내는 물론이요. 각 지방의 화류객들까지 대구의 꽃이라면 곧 그를 지적하니 그이의 명망이 얼마나 높은 가는 구구히 소개하지 않겠다.

그이의 기예는 능히 그 색을 따를만한 명창이라고 하기엔 어렵지만 그만하면 일가의 체면을 보전하기에 넉넉하니 차라리 질탕한 유흥장에서 놀리는 것보다는 한적한 빈 방에서 둘이서 귓속말로 소곤거린다면 그야말로 밀턴의 '실락원'을 잊어버릴만한 오묘한 풍정이 있을 것이니 그이를 꽃에 비유한다면 화려한 모란이나 향기 그윽한 장미꽃 보다는 스스로 청여한 아침 날 해당화와 같을 것이다. 대개 미인에게는 언제나 시름과 한이 많아 보이는데 그이는 웃는 얼굴로 명쾌한 기분이 보이니 그이의 과거를 짐작하건대 아직까지 참으로 창자를 마디마디 끊을만한 팔자 사나운 역경을 지나진 않은 모양이다. 앞으로도 그이의 늘 웃는 얼굴을 보고자 한다. 그는 올해 나이 이십 세이다.

별건곤 제33호(1930. 10. 1.) 〈대구명화점점大邱名花點點〉 풍월루 주인

남도의 대표 기생 김초향과 서도 기생

점점 사라져가는 우리의 옛날 아름답던 노래와 춤을 겨우 지탱해 가는 남도 기생, 서도 기생은 누구누구들인가? 성주본향이 어디메냐. 경상도 안동 땅에 제비원이 본일네라. 제비원에 솔씨를 바더 대평소평 던젓더니 그 솔이 점점 자라 소부동이 되엇네. 대부동이 되엇네. 얼화−만수 얼화−대세니라 하고 청산유수같이 멋지게 넘어가는 '성주풀이' 한마디가 다방골 어떤 장명등^{대문 밖 달아놓은 등} 달린 집 일각대문에서 흘러 새어 나온다. 아마 장안의 1등 명기 김초향이 명고수 한성준의 북과 더불어 오늘 저녁 흐르는 가을바람 아끼어 대청마루에서 한 곡조 넘기는 것이 아닐까.

    김초향은 '고고천변 일륜홍' '자진사랑가' '흥부놀부' 등 모든 남도소리를 잘하기로 유명하다. 원래 고향이 경상도 대구니까 남도 기생이 남도소리 잘하는 것이 이상하지 않겠지만 김초향의 남도소리에 이르러는 참으로 명창이요. 절창의 소리를 들을만하다. 금년 봄 일이지만 단성사에서 팔도명창대회를 할 때에도 김창환이나 오태석 못지않게 인기가 있어 성주풀이 같은 것은 수천 청중에게서 재청, 삼청, 사청까지 받아 장내가 떠날 듯 하던 역사가 있었다.

    원래 조선의 노래나 춤이나 모두 남도에서 발원된 것이니만치 김창환, 송만갑, 김창룡, 오태석 모두 경상도, 전라도 출신이지만 기생축에도 소리 잘하는 박녹주, 김추월, 이소향, 이화중선, 하룡주, 이옥화들도 모두 남도 출생들이다. 그중에서도 김초향은 뛰어났다. 남들은 어떻게 생각할지 모르지만 소리는 아무래도 서도소리보다 남도소리가 나은 것 같다.

서도소리라야 겨우 수심가, 앞산타령, 뒷산타령, 놀량, 배따라기, 영변가 메나리 잡가 등으로 우선 그 가지 수에서 남도소리보다 못하고 소리 그 자체도 규모가 크지 못하며 웅장하지도 못하고 멋도 부족하다. 영변가 같이 건들건들한 소리가 없는 것도 아니지만 명월관, 식도원에서나 J, O, D, K 방송국에도 남도소리 방송이 더 많은 점으로 보아 소리나 들을 줄 아는 일반 가객들이 서도소리보다 남도소리를 얼마나 즐기는가를 알 수 있다.

    그렇지만 서도에도 소리 잘하는 기생이 서울에 없는 것이 아니다. 백모란의 수심가, 이진봉의 앞산타령, 이영산홍의 자진배따라기, 김옥엽의 뒷산타령, 장학선, 문명옥의 역금수심가 손진홍의 메나리타령 등은 그 소리가 대동강 능라도의 실버들같이 곱고 연하고 휘늘어져 다정다감한 젊은이들을 울게 한다. 더구나 새로 나온 명기 김채봉의 배따라기 하나는 서도 각시를 대표하여 자랑거리인 것만치 서도 정조를 잘 살린 절창이라 할 것이다. 그런데 흔히들 서도 기생은 평양에서, 남도 기생은 진주에서 난다지만 남도 기생은 진주보다 전라도 53주와 옛날 백제 땅인 충청도에서도 많이 난다.

    아까 말한 김초향이 우선 경상도 대구이고 이옥화는 전라도 해남이고 이소향은 신라 수도 경주가 그 출생지이다. 서도의 산수는 대동강을 끼고 평양개명 한곳으로 몰렸기에 기생이라면 으레 평양 한곳을 손꼽게 되지만 남도는 진주뿐만 아니라 남강 물, 낙동강 물을 끼고 물골 닿는 곳 곳마다 승지강산이 있는 까닭에 인물도 이리저리 여러 곳에 나뉘어 있는 것이 아닐까. 아닌 게 아니라 과연 재미있는 지리상 대조이다.

삼천리 제3권 제9호(1931. 9. 1.) 〈춤 잘추는 서도기생 소리 잘하는 남도기생〉

대동강 다리 아래의 평양 기생

평양에 있던 기성권번의 기생양성소

대구 출신 장안 명기 이옥연의 일대기

여러분 중에는 동순태^{同順泰}라는 중국인 부호를 기억하는 분이 많을 것입니다. 그 사람은 조선에 나온 중국사람 중 가장 으뜸인 부호로 백만장자입니다. 서울 안에도 여러 채의 가옥과 전지^{田地}를 갖고 있으며 그가 경영하는 물품과 재화는 전 조선 어느 상점에 가지 않는 곳이 없다고 합니다. 이 부호에게 담정곤 이라는 올해 40여 세 되는 맏아들이 있습니다.

　　　　이야기는 지금부터 10여 년 전으로 올라갑니다. 서울 황금정 즉 동양척식회사 건너편에 유일관이란 요리점이 있었는데 어느 해 짙어가는 봄, 구십춘광을 빼앗기는 걷잡을 수 없는 애달픈 마음을 가진 담정곤은 연회를 베풀고 친구들과 함께 술잔을 나누고 있었습니다. 그때 잔치 자리에 나온 이옥연이란 장안 명기를 담^譚은 처음 보았다고 합니다. 이옥연은 남도의 대구 기생으로 눈이 어글어글하게 크고 콧날이 서고 이목이 꽤 분명하게 생긴 여자였습니다. 담대인^{譚大人}은 옥연의 아름다운 자태에 반해 그 뒤부터 이옥연만 불러다가 밤 깊도록 유일관의 거문고 줄을 고르게 하고 장구채를 쥐게 했다고 합니다.

　　　　오랜 세월 이러던 사이에 남들이 모두 함부로 꺾지 못한다는 이옥연은 담씨가 사랑하는 사람이 되고 말았습니다. 이리하여 장고^{長橋}다리에 큰 집을 새로 짓고 화초로 수놓은 풍^風 속에 돈으로 살 수 있는 모든 영화와 행복을 한껏 누리면서 짧은 세상을 기쁘게 보냈다 합니다. 이러는 사이에 사랑의 결정까지 둘 사이에 나타났으니 국제애^{國際愛}의 새로운 가정 풍경이 전개되었더라고 합니다. 그러나 화무십일홍이라던가 큰 부자인 담정곤의 재산도 마를 날이 있었습니다. 한강의 물도 마를 날이 있을 것이로되 동순태의 재산은 기울어질 일이 없으리라 하던 것이 담씨의 재산도 흘러 버리기 시작하여 7~8년 전 어느 때에 이르자 그는 빚에 헤매는 사람이 되었습니다.

  담이 이렇게 패가한 가장 큰 원인은 그가 주식과 곡식 거래에 손을 댔다가 패한 것이 가장 큰 상처였다고 합니다. 그래서 마지막으로 장교^{長橋} 부근에 있는 ^{지금은 김탁원 병원 있는 벽돌 이층집} 이층 누각에서 이씨인 사람을 내세워 큰 중국식 요리점을 경영하였으나 그마저도 실패로 돌아가자 담은 몸을 피해 탑동공원 부근의 어떤 곳에 숨어 있었다고 합니다. 이렇게 재정적으로 불우한 경우에 빠지게 되자 평일에 동순태와 담씨의 도움을 받아오던 무교정과 장곡천정에 있는 중국인들은 혹은 3원, 5원씩 매달 돈을 모아서 그의 생활비를 대주었다고 합니다.

  일이 이와 같이 되자 사랑의 보금자리만 옛날같이 아름다웠을 까닭이 없었습니다. 이리하여 나중에 이옥연은 쓰라린 눈물을 짜면서 살림을 갈라 나왔으니 이 명기가 중국인 가정에 몸을 의탁한 지 5~6년째라. 아이는 아버지 손에 양육되고 있다 합니다. 재색을 겸비한 장안의 명기! 각 신문사에 로맨스 기사로 세인의 호기심을 끌던 이옥연은 파경의 눈물로 울다가 수년 전에 다시 흰옷 입은 어떤 부호를 만나 다시 스위트홈을 꾸미고 지낸다던가.

삼천리 제4권 제10호(1932. 10. 1.) 〈장안명기^{長安名妓} 영화사^{榮華史}〉

대구의 로미오와 줄리엣 – 장병천과 강명화

실로 강명화의 죽음같이 새벽 빛 솟아오르락 말락하게 당시 조선사회에 놀램을 준 일은 없었다. 강명화는 돈보다 사랑! 목숨보다 사랑이란 '러브 이즈 베스트 love is best'를 대담하게 실천한 첫 여성이었다. '아씨, 계시오.' 하고 인력거꾼이 문간에서 부르는 소리가 났다. 방 안에는 화초병풍 두른 중에 금세 머리에 빗질하고 아미를 그리고 연지 찍은 명기 강명화가 손에 묻은 분물을 씻어버리고 막 화장을 끝내고 앉은 때라.

'난 저 소리 참 듣기 싫어요. 한나라도 어릴 때에는 술 따르고 노래 부르고 엄벙덤벙 지내왔지만 이제는 정말 싫어요. 된 녀석 안 된 녀석들이 오너라 가거라하고 중얼거리며 아미를 쭁기는 것을.' '미안하이. 아버님 완고가 풀리시기만 하면 이렇게 고생시킬 리 없으련만 내 마음 변할 리가 있겠소. 아마 그대가 내가 인제 냄새도 나고 새사람 얻어 신정을 둔 데 있어 그러는 게지.' 하는 것은 곁에 마주 앉은 그의 애인 장병천이라.

'에그, 선생님도, 내 마음 어떤지 몰라주십니다 그려. 시원히 베어 드리지요.' 곁에 있던 가위를 들어 삼단 같은 머리를 싹둑싹둑 깎아버렸다. 금시에 지장보살같이 단발 여인이 되었다. '이거 여보 웬일이요. 여자에게 머리칼은 목숨인데.' 하고 황급히 말리려 했으나 그때는 이미 중머리가 된 뒤라. 제 머리 모양을 거울에 비추어 보던 명화는 그만 방바닥에 엎디어 울었다. 병천도 따라 울었다.

겨우 10여 년 전이라, 당시 서울 장안에서 평양 기생 강명화의 이름을 웬만한 풍류객치고 모르는 이가 없었다. 어글어글한 두 눈, 불이

붉는 듯한 분홍빛 입술, 빚은 듯한 상큼한 코, 게다가 소리 잘하고 춤 잘 추고 더구나 제 마음속에 근심이 가득하매 그 수심이 저절로 엉켜져 노래로 승화했는가 수심가 한 곡조와 배따라기 한 마디는 평양기생 3백 명 중 으뜸간다고 하였다.

그러나 미인 강명화의 명성이 높아진 것은 단순히 춤, 노래나 그 용모에 있지 않았다. 실로 그는 옛날의 이 땅 고려 명기가 '솔이솔이 하니 무슨 솔로만 엮었든가 천인千仞 절벽에 홀로 선 낙락장송이라 길 아래 초동樵童이야 걸어볼 줄 있으랴.' 하던 시조를 애송하던 것처럼, 목숨으로서 절개를 지켰다. 강명화를 보고 싶어 따르는 많은 남성 중에는 2~3만원 하는 돈을 언제라도 내던질 부자도 있었고, 무슨 회사 사장하는 지위와 명예 있는 분도 많으면 했으나 명화는 비록 몸은 기적妓籍에 두었으되 사랑하는 그 오직 한분을 만나기 전에는 이를 가물고 절개를 지키기로 맹세하였다. 이 소문이 퍼지자 명화의 사랑을 구하려는 탐화봉접探花蜂蝶(꽃을 찾아다니는 벌과 나비)의 무리는 더욱 많아졌다.

그래서 한편으로 오만한 년 독한 계집, 하는 욕도 들어가면서 모든 구애자를 물리쳐 오다가 나중에 만난 이가 대구서 수백 간 줄행랑이 있는 큰 성곽 같은 집을 쓰고 살다가 서울 노량진에 이사하여 살던 영남 갑부 장길상의 외아들 장병천이란 청년이었다. 그러나 부자치고 인색치 않은 이가 없지만 그때의 장길상은 사회에 학교 하나 도서관 하나 기부한 일이 없을뿐더러 제 자식에게 용돈조차도 넉넉히 주지 않았다. 더구나 병천이 기생작첩 하였다는 소문이 들리자 그제는 아들을 집 안에 가두고 외출을 엄금하였다. 이 완고하고 몰이해의 공기 속에 갇히자 둘은 자연히 이 속박을 빠져나와 넓고 넓은 자유로운 천지로 훨훨 날아가 보고 싶어

했다. 더구나 사람이 큰 인물이 되자면 학문을 닦아야 하는데 장병천은 아직 젊은 20대 청년이 아닌가. 강명화의 소원은 오직 그 애인을 공부시키고 싶었다. 그래서 둘은 상의하여 둘이 도쿄에 유학하기로 결심하고, 명화는 제가 지닌 금비녀고 은가락지고 모두 팔아 돈 삼백원을 만들어 손에 쥔 뒤 이것을 여비로 해 가지고 도쿄로 떠났다.

둘은 비로소 아사꾸사구(淺草區)에 어느 이층 집을 빌려 자취하며 병천은 어느 대학 예비과를 다니고 명화는 도쿄 우에노 음악학교에 입학할 준비로 영어를 배우기로 하였다. 이때 둘의 가슴에는 미친 년놈! 하고 비웃던 세상을 승리자의 기쁜 마음으로 다시 한번 돌봐보고 싶은 생각이 불같이 타올랐다. 그동안 아버지 장길상이 처음 몇 달은 매달 30원씩 학비를 보내었으나, 기생과 같이 가 있단 소문이 들리자 그때부터는 학비를 중단, 그래서 백만장자의 외아들은 결국 만리타향에서 한 공기 밥조차 얻어먹을 길이 없었다. 그래도 명화는 낙심치 않고 서울 전동에 있는 자기 어머니에게 어머니는 평양에 가 있고 그 집을 팔아 돈을 보내라 하여 돈 몇 백원을 얻어 줄 수 있었다.

하루는 동경에 가있는 조선인 유학생 여러 명이 장병천을 찾아왔다. '우리는 모두 일하면서 공부하는데 너는 백만장자 아비를 둔 탓으로 기생첩 데리고 놀러와 있단 말이냐. 너 같은 놈은 우리 유학생 사회의 치욕이다.' 이래서 '그놈 밟아라, 그년 때려라.' 하는 소리와 같이 바야흐로 큰 난투가 일어날 판이다. 이때 명화는 칼을 들어 제 손가락을 딱 잘라 선지피를 뚝뚝 흘리며 '여러분 나는 떳떳한 장씨 문중 사람이며 우리도 고생하면서 여러분과 같이 학문을 닦는 중이올시다.' 그 추상같은 언사와 붉은 피를 보자 학생들은 모두 도망하였다. 그러나 그 뒤 며칠 지나자 이번에는 병천과 명화를 신중하게 제재해주자는 공론이 유학생 사이에 비밀리에 돌고 있는 것을 눈치 챈 둘은 이대로 있다가는 생명이 위태로울 것이라 직감하고 야밤중에 도망꾼 모양으로 도쿄역에서 차를 타고 서울로 돌아왔다.

그 사이 명화는 행여나 그 부모의 마음을 돌려볼 모양으로 홀몸으로 궁궐 같은 장길상 집에 뛰어들어도 보았으나 결국 쫓겨나고 말았다. 이제는 온갖 길이 모두 막혔다. 가졌던 금은패물도 모두 팔아버렸고 집칸마저 없앴으며 그러면서 백만장자의 외아들이건만 단돈 1~20원을 변통할 길 없이 모두 다 막혀버렸다.

그러나 아침에는 밥, 저녁에는 죽이라도 살자면 살겠지만 원통한 것은 두 사람의 진실한 사랑을 한낱 유희처럼 깔보는 그 부모와 세상이라. 일이 여기에서 그쳤다면 세상에 흔한 남녀정사의 한 대목에 지나지 않을 것이나 애인을 출세시키고 싶은 마음이 불같이 타올랐던 명화의 가슴에 떠오르는 한 가지 빛이 있었다. '나만 없으면 그분은 부모의 사랑을 다시 받을 수 있고 그리하면 여유로운 재산으로 충분히 학문도 닦아 사회에 윗사람이 될 수 있으리라.' '그러나 나만 없어진다니 어떻게 할까. 소설에 있는 것처럼 아라비아 사막으로 몰래 가 버릴까. 그렇지 않으면 일부러 딴 사람에게 정이 들은 척하고 내가 미친년 절개 없는 년이 되어버릴까.'

여러 날 망설였다. 괴로워하였다. 아침마다 베개가 눈물에 젖은 것을 보고 그 어머니는 근심하였다. 모든 결말은 왔다. 명화는 몸이 아프니 함께 온양온천에 가서 며칠 체류하고 오자고 졸랐다. 떠날 때에 생후 처음으로 옷감 한 벌과 구두 한 켤레만 사달라고 졸라서 서울에서 온양 갈 때에 애인 병천이 주는 옷과 애인이 주는 구두를 신고 떠났다. 그날 밤 온천의 조용한 방 안에는 일대 명기 강명화가 애인의 무릎을 베개로 삼아 독약을 마신 몸을 가로눕히고 있었다. 마지막 유언은 이러하였다. '제가 죽었으니 이제 부모님께 효성하고, 다시 사회의 큰 인물 되소서.' 독약을 마신 것을 안 장병천이 아무리 의사를 부른들 이미 저 세상에 간 영혼을 다시 불러올 도리가 있으랴. 며칠 뒤 서울 광희문 밖 수철리水鐵里 공동묘지 한 모퉁이에 애끓는 인생 23세를 일기로 한 많은 생을 살다 간 강명화의 오척 여윈 몸이 묻혔고 그 앞에는 언제까지 떠날 줄 모르고 엎디어 우는 그의 애인 장병천이 있었다.

각 신문에는 이 사실이 로맨스 섞인 필치로 심히 슬프게 났기에 많은 사람들이 남몰래 동정의 눈물을 뿌렸고 더구나 여류평론가 나혜석 여사는 장례식 날 동아일보에 '강명화의 자살'이란 제목 하의 기사 가운데 장씨에 대해 이렇게 말했다고 한다. '나는 결코 당신을 떠나서 살 수가 없고 당신은 나하고 살면 가정과 사회의 배척을 면할 수 없으니 차라리 당신과 사랑을 위하여 한목숨 끊는 것이 옳습니다.' 하였다고 한다. 얼마나 많이 번민 고통을 쌓고 쌓아 견딜 수 없고 참을 수 없어 한 말인지 실로 눈물지어 동정할 말이다. 나는 자유연애 문제가 토론될 때는 언제나 조선 여자 중에 연애할 줄 아는 사람은 기생밖에 없다고 말해 왔다.

실로 여학생 사회는 다른 사람과 너무나 교제의 경험이 없으므로 다른 사람과 관계에서 의외의 본능으로 아무 뜻 없이 다른 사람과 접촉할 수 있으나, 그러나 기생사회는 타인과 교제 경험이 충분하므로 상대방을 선택함에 판단력이 있고 여러 사람 가운데 오직 한사람을 좋아할 기회가 있으므로 여학생 사회의 사랑은 피동적이요 일시적인 반대로 기생사회에 이런 자에 한해서는 자동적이요 영구적인 줄 안다. 그러므로 조선에 만일 여자로서 진정한 사랑을 할 줄 알고 마음을 줄 줄 아는 자는 기생사회를

조선과 일본을 왕래한 관부연락선. 관부는 시모노세키와 부산을 의미한다. 장병천과 강명화가 현해탄을 건널 때에도 이 배를 이용하였을 것이다.

제외하고는 없다고 말할 수 있다. 이러한 의미에서 장씨의 인물이 어떠함은 말할 것도 없이 강씨가 스스로 느끼는 처음 사랑은 깊이깊이 장씨에 대해 느꼈을 줄 믿는다. 이것에도 불구하고 애인과 동거하지 못할 처지에서 동거하겠다고 결심하면 실로 난처한 문제일 거다. 이와 같이 비운에 견디다 못한 명화는 철저한 연애와 곧은 지조의 순일함을 보존하기 위해 자기 마음의 조출함을 알리기 위해 세태에 분노하기 위해 자살을 실행한 것이다. 그러나 동기가 어쨌든 자기 생명을 끊는 것은 곧 자포자기의 행위이다. 생명

존중과 풍부한 생명역량을 스스로 깨달은 현세 사람의 취할 방법은 아니다. 어디까지든지 살아가려고 해야만 연애의 철저며 지조의 일정이며 정신의 결백이 실현될 것이다.

그 뒤 며칠 후 장병천 또한 먼저 간 애인의 영혼을 따라 자살하고 말았다. 아마 차마 떠나지 못한 강명화의 혼이 장병천이 오기를 기다려 하늘나라 오리정五里程에서 기다리고 있었음이지. 이리하여 백년에 한번, 천년에 한번 우리들이 겨우 볼 수 있을 듯한 희귀한 애욕계쟁도愛慾乐爭圖는 끝이 났다.
삼천리 제7권 제7호(1935. 8. 1.) 〈미인박명애사美人薄命哀史〉 청의처사靑衣處士

어느 대구 의학도의 편지

진리의 사도로서 만주 벌판에 몸을 던진 형이여 이 아우는 형과 같이 맹서하던 대 포부를 품에 안고 대구라는 곳에 왔습니다. 형님 저는 의전醫專이 좋은지 의강醫講이 좋은지 모릅니다. 물론 취직을 하든지 명예 있는 의사가 되려면 그야 분명히 의전이 낫겠습지요. 그러나 이 아우는 이것을 모릅니다. 명예의 간판을 이마에 붙이고 싶지 않습니다. 장래의 취직 문제를 해결코자 함도 아닙니다. 커다랗게 병원을 짓고 자선사업인 척 하면서 자선사업이 못되고 마는 우리네 선배의 뒤를 밟고자 함도 아닙니다. 취직도 개업도 못하여도 좋습니다. 차라리 이것이 본 목적인지도 모릅니다.

형님 탁상공론과 현실과는 다르다니 말 따위의 결심은 쓰기를 그만두렵니다. 형과 같이 장차 손잡고 나설 때를 기약할 따름입니다.

그리고 형님 지금 이 아우가 다니는 학교 옆에는 커다란 벽돌 병원과 조그마한 목제의 두 병원이 있습니다. 물론 전자야 금전이란 놈이 파수를 봄으로 유산자 이외에는 출입 엄금이지요. 소위 자선기관 역할을 한다는 것이 이자에 말한 빈약한 분원이지요. 영양부족으로 헐끔한 얼굴을 가지고 맥없는 다리를 질질 끌면서 모여 들어오는 무료환자군, 이 많은 무리를 요 좁은 곳에서 옥짝복짝 하면서 치료를 한다는 꼴이니 눈을 감고 상상해 보아도 아실 겁니다. 그러니 무어 그리 신통스러운 게 있겠습니까.

대구의학강습소. 대구의학강습소에서 경북도립의학강습소로 다시 대구의학전문학교로 개편되었다. 이 학교는 대구 의료인의 요람이었다.

또한 그들을 대하여주는 의사는 고사하고 간호원까지도 웃으면서 대해주는 것을 보지 못했습니다. 그야 환자에게 제일의 요법인 위안을 주어야 된다는 것을 몰라서 그러함이 아니겠지요. 무엇이 그들을 그렇게 만들어 줍니까. 형님 울고 싶습니다. 금전이란 것이 다 무엇입니까. 나는 그 정체를 모르겠습니다. 사람에게 편의를 주자고 사람의 손으로 만든 것이 아닙니까. 그러면 어찌 하여서 이 금전에다 양심까지 팔아먹고 맙니까. 형이여 꼭 이것을 위하여 싸워갑시다.

　　이미 우리의 머리에서 지위, 영화의 허욕, 이것을 깨끗이 청산하여 버리지 않았습니까. 단지 진리의 사명을 위해 최후까지 싸우다 빈손으로 돌아갑시다. 사회에서 나라는 존재를 알아주기를 원하는 마음이 남아있는 때까지는 완전한 진리의 사명은 다하지 못할 줄 압니다. 끝까지 동무의 힘 있는 챗죽을 바라며.

동광 제37호(1932. 9. 1.) 〈학생문단〉 대구의강大邱醫講 삼봉생三峰生

대구역 부근 여관에 살던 가련한 여자

6월 30일 아침이다. 대구역에 내려 어떤 여관으로 들어갔다. 시간이 이른 까닭에 그 집에 있는 손님들은 아직까지 잠을 자고 있고 집안은 매우 고요하였다. 내가 세수를 하고 있으니까 바로 나 있는 건너편 방에서 어떤 여자의 기침 소리가 나더니 손가락으로 문구멍을 뚫고 나를 내려다본다.

한번만 봐도 무엇 할 때인데 자꾸 기침을 하고 내다보는 데는 나도 역시 이상히 여겨 아니 볼 수 없고 또한 그 여자가 어떤 여자인지 알지 못하여 궁금한 생각이 없지 않았다.

그럭저럭 조반을 먹고 있으니까 그 여자가 문을 열고 나오더니 나 있는 방 뒷문 마루로 올라와서 문을 슬그머니 열고 하는 말이 초면에 손님에게 말씀 여쭙기는 매우 미안합니다만 잠깐 뵈옵기에도 점잖은 어른 이시기에 저의 사정을 말씀한다고 한다. 그의 말소리는 충남 말소리나 그렇지 않으면 충남 접경의 전라도 말소리 같고 나이는 삼십여 세 가량

유가여관. 대구역 인근에 일본인 성호유차랑成戶酉次郎이 1907년 일양절충양식의 2층으로 건립하였다.

되는데 얼굴도 별로 잘 생길 것도 없고 의복은 그저 촌 여자의 복색으로 수수할 뿐이었다. 나는 처음부터 그 여자를 이상하게 생각하던 터에 또 그러한 말을 들으니 더욱 이상하게 생각하였으나 묻는 말에 대답을 아니 할 수 없었다. 그리하여 무슨 사정인지 말을 하라고 하였다.

그 여자는 조금도 기탄없이 말하기를 자기는 충남 서천군에 있는 여자로 당년 삼십 세인데 칠팔년 전에 불행히 과부가 되어 이때까지 수절하고 있던 중 달 전에 왜관인가 대구에 있는 어떤 순회극단이 자기 지방에 오게 되어 자기 친가에 유숙하고 있는데 그중 단장이란 이모가 자기를 보고 하는 말이 나는 지금 홀아비로 있는 터인즉 서로 혼인을 하여 같이 사는 것이 어떠하냐 하고 수삼차 감언이설로 꾀이므로 자기도 역시 그 말을 믿고 몸을 허락하여 갖고 있던 세간나부랭이를 다 팔아가지고 그 자를 따라 이 곳까지 왔더니 그 자는 온다간다 말도 없이 수일 전에 어디로인지 종적을 감추고 다만 편지로 말하기를 자기는 생활이 곤란하여 어디로 정처 없이 가는 터이니 너도 어디로 마음대로 가라고 하므로 하는 수 없이 이 집에 와서 외상 밥을 먹으며 직업이나 또는 남편을 구하는 중이니 당신이 아시는 대로 남편을 하나 구하여 주시든지 그렇지 않으면 연초전매국 같은 데 소개하여 돈벌이를 하게 해 달라고 한다.

나는 뜻밖에 그런 말을 들으매 너무도 맹랑하여 아무 말도 못하고 한참 있다가 듣기 좋게 '네 당신의 사정인 즉 매우 가여우나 나는 방금 객지에 온 까닭에 그런 일은 도무지 모른다.'고 거절하였더니 그 여자는 초연한 안색으로 실례했다고 하고 자기 방으로 올라간다. 나도 사정상 어찌 할 수 없어 사실대로 거절의 대답은 하였으나 마음에는 매우 측은했다. 아! 가련한 여자 이 세상에 그와 같이 못된 남자에게 유혹되어 도로에서 방황하다가 일생을 그르치는 여자가 몇몇이나 있을까. 소위 순회극단이니 무엇이니 하고 돌아다니는 자중 불량배에 대하여 지방 여자들이 크게 주의치 않으면 안 될 것이다. 나는 그 날로 그 여관을 떠났기 때문에 다시 그 여자와 아무 말도 못하였으나 그 여자는 과연 어찌 되었을까. 또한 궁금한 일이다.
별건곤 제22호(1929. 8. 1.) 〈남대南隊〉 차상찬

반야월역 여자 신호부의 안타까운 이야기

말만 들어도 삼한三韓이란 한韓이 생각나는 대전을 지나 양반의 못자리라는 영동을 빠져서 황간 어디쯤인지 가니까 집 뒤에는 솔밭이 거하고 울타리 밖에 대숲이 있고 문 앞에 내가 흐르며 내 건너 꽤 넓은 들에는 벼가 한참 익어 황금으로 진을 친 듯한 마을이 있다. 아아 거지居地야. 좋다마는 아마도 거기에는 십 몇 세기 부질없는 꿈이 제법 무르녹은 뉘 집 서방님이 누웠으렸다.

　　　　차가 여기를 오면 가지를 못하고 헐떡헐떡 하기만 한다는 미신의 굴혈 추풍령을 지나는데 한 모롱이를 지나면 곳 내이요 내를 건너면 곧 들이며 들 건너 산이요 산 넘어 강이라 차가 이리가면 내가 저리 쫓고 차가 저리가면 내가 이리 돌아 마치 아이들 숨바꼭질하듯 앞서서 앙금질을 하며 나를 잡겠지 잡겠지 하는듯하다. 과하주 좋기로 유명한 김천을 거쳐 한

옮겨지기 이전의 반야월역

대구선 철도 이설로 옮겨진 반야월역. 현재는 작은 도서관으로 이용되고 있다.

정거장 두 정거장 세다가 대구에 나리기는 해가 기울어서라.

중앙경철中央輕鐵을 갈아타니 어쩌면 그다지 다를까 아주 딴판이로다. 조선반도의 산수야 천편일률로 비슷비슷하여 말할 것 없거니와 이로부터 인물, 언어, 풍속은 교계較計할 수 없는 딴 세상이라. 우선 한 가지 예를 들어 보자. 그 이름부터 어찌 그럴싸한 반야월이라는 정거장 근처의 건널목을 지나갈 제 문득 바라보니 바로 보면 보기도 무서운 나이 한 40됨직한 여자가 신호기를 들고 섰다. 나는 부질없는 생각으로 그 여자의 신세를 생각하고 싶었다. 아마도 그 여자는 가난한 집에 태어났으렸다. 그리고 또 가난한 집으로 시집을 갔을 것이다.

그리고 그 팔자가 더욱 기구하게 되느라 남편까지 잃은 모양이었다. 그리하여 그는 끈 떨어진 뒤웅박 신세로 남의 집 종살이도 했을 것이요 힘에 넘는 임을 이고 군군촌촌郡郡村村 돌팔이 장사도 하였고 이 장場 저 장場에 돌림도 되었으렸다. 그리하다가 근력이 쇠하니까 집에 들어와 억척 살림을 하는데 마침 철도가 집 앞으로 놓이고 건널목이 문 밭우나는데 회사에서도 부탁하고 자기도 괜찮게 승낙하여 되는대로 신호부信號夫가 된 것이었다.

지금 보이는 철도 옆의 오막살이 초가집이 그 집이라 그 집이 겉으로 보면 자그맣고 납작하고 더럽고 그렇지만 그 내부는 중의 살림 비슷하게 아주 정갈하고 모든 것이 질서 있고 규모 있게 정돈 되었을 것이다. 다시 그 여자의 평생 호강을 낱낱이 짐작할 수 있다. 그가 태어난 지 1년 만에 돌짱이로 좋은 의복의 좋은 음식을 한번 받았고 그 다음에는 설령 자기 뜻은 아닐지라도 이른바 백년가약을 맺어 자기 평생을 남에게 부탁하여 가던 그날에 또 한번 의복 음식의 사치를 하였고 그리고는 다시 자기 몫에 돌아오는 호강이란 아마 없을 것이다.

또한 그의 성질을 의논하면 과부되는 이 치고 영악하지 아니한 이 없다고 워낙 강한 바탕에 영남의 견인한 풍기를 받아서 비록 만 마리 말의 힘을 빌려 끌더라도 다시 잡아 돌리지 못할 것이요. 그리하여 구사십생九死十生을 하면서도 남의 신세지지 않고 오직 이마에 땀을 흘려 먹은 것이라. 지금에 저 기旗를 들고서 얻는 모양을 보더라도 그렇지 않겠는가.

나는 다시 그녀를 도회지의 부녀와 비교하고 싶었다. 아이구 미워. 도회의 부녀, 기름 머리에 분세수를 하고 명주 고름 같은 손으로 잘잘 끌리는 치마 고리를 휘어잡고 외씨 같은 발끝으로 아실랑 아실랑 걸어가는 그런 종류는 그만두고라도 쇠똥머리에 동강 치마를 떨떨이고 굽 높은 신으로 나가서는 자유해방을 부르고, 들어서는 손끝의 물을 톡톡 튀기는 그런 여자도 참으로 찐답지 아니하다.

해방은 되었다 하지만 자유는 무엇으로인고. 나는 과문寡聞이라 그러한지 또는 자유해방을 과학적으로 하려하지 아니하여 그런지는 모르되 나는 간단히 설명하여 자유는 독립생활을 지지할만한 그것이라고만 한다. 그러한데 신호부 그 여자는 과연 해방이요 독립이요 자유평등이라 생각만으로 만이 아니라 말만으로 만이 아니라 이행이요 실현이라 해방을 부른 적 없으되 스스로 해방이요 독립, 자유, 평등을 주장한 적이 있지 아니하되 스스로 그러해서 그대로 잠잠한 공의 철학이라 그에게 만일 설명이 있다 하면 이러할 것이다.

이성異性인 이족異族인 너희들이여 아무리 가두려 해도 나는 절대의 해방이요 아무리 올무를 씌우려 해도 나는 절대의 독립이라. 언제 나에게 자유, 평등이 문제되더냐. 해방, 평등을 이성에게 구하는 어린 여자들아 모든 것이 나에게 있는지라 어찌 남에게 구하리오.

또 한 가지 정거장마다 머리 협수룩한 상투쟁이와 고깔 수건 쓴 총각 아이가 혹은 모판 혹은 둥우리에 연초나 과실, 과자를 가지고 권연 사소 과자 사소하며 맘에 맞지 아니하면 「왜 이렇게 하는 게요.」 하는 것이 특별히 눈에 들어 참으로 옛 도읍 구경 길인가 싶다.

개벽 제18호(1921. 12. 1.) 〈경주행〉 권덕규

근대 대구와 대구사람들
근대 인문잡지 속의 대구역사 읽기

초판 1쇄 발행 2013년 3월 11일

엮은이 이 호

펴낸곳   도서출판 컴엔시
출판등록 2001년 3월 13일 제03-01-472호
주소   대구광역시 중구 명륜로 12길 22(남산동 3층)
전화번호 053-252-6336
팩스번호 053-252-6326

ISBN 978-89-959858-5-4 03910